MEMMERT
DIDAKTIK IN GRAFIKEN UND TABELLEN

# DIDAKTIK
# IN
# GRAFIKEN UND TABELLEN

von

Wolfgang Memmert

5. Auflage

1995

VERLAG JULIUS KLINKHARDT · BAD HEILBRUNN/OBB.

Die Deutsche Bibliothek – CIP-Einheitsaufnahme

**Memmert, Wolfgang:**
Didaktik in Grafiken und Tabellen / von Wolfgang Memmert.
– 5. Aufl. – Bad Heilbrunn/Obb. : Klinkhardt, 1995
    ISBN 3-7815-0825-0

1995. 10. Ll. © by Julius Klinkhardt
Gesamtherstellung: Graphischer Großbetrieb Friedrich Pustet, Regensburg
Printed in Germany 1995
ISBN 3-7815-0825-0

# Inhalt

# Vorwort

Die Didaktik hat immer wieder ihr besonderes Augenmerk darauf gerichtet, Anschauungsmittel zur Unterstützung von Lernprozessen zu entwickeln und einzusetzen. Sie folgt damit der »Goldenen Regel« ihres Begründers, Jan Amos COMENIUS (1630), »alles, so weit wie möglich, den Sinnen zugänglich zu machen«. Besonders grafische Mittel wie Tabellen und Schemata haben sich als wirksame Hilfen für Auffassung und Gedächtnis bei schwierigen abstrakten Gedankengängen erwiesen.

Paradoxerweise hat die Didaktik diese Mittel für ihre *eigenen* Zwecke der Forschung und Lehre nicht in dieser konsequenten Art verwandt und damit die intellektuelle Unterstützungsbedürftigkeit des Menschen mißachtet. Wo in der Literatur doch Grafiken erscheinen, z. B. das Modell der Lerntheoretischen Didaktik, zeigte das fachöffentliche Echo sehr schnell, daß man diese Maßnahmen als hilfreich empfand.

In diesem Buch werden zur Erläuterung der wichtigsten didaktischen Zusammenhänge durchgängig grafische Mittel eingesetzt, Tabellen, Diagramme, Piktogramme und Schemata. Es enthält zum einen eine Vielzahl von tabellarischen Übersichten, die in der Fachliteratur oft weit verstreut oder schwer zugänglich (Zeitschriftenaufsätze!) sind. Diese wurden zum Teil übernommen, zum Teil gekürzt oder bearbeitet. Viele Tabellen wurden auch für den vorliegenden Zweck neu zusammengestellt.

Ebenso wurden zur Verdeutlichung grundlegender didaktischer Sachverhalte Diagramme entweder aus der Literatur ausgewählt und wiedergegeben oder neu entworfen. Besonders sie sollen das Verständnis und Behalten erleichtern und die Übersichtlichkeit erhöhen.

Nicht alle Gebiete der Didaktik eignen sich in gleicher Weise für die bildhafte Umsetzung, und so können Tafeln und Texte nicht immer vollkommen synchron verlaufen. Trotzdem dürften die wichtigsten Fragen der Allgemeinen Didaktik, einschließlich der Methodik des Unterrichts so dargestellt sein, daß eine raschere und klarere Orientierung möglich ist, als dies die vorwiegend verbal angelegten Wörterbücher und Lexika gestatten. Zahlreiche Verweise im Text, sorgfältig bibliografierte Literaturangaben, ein detailliertes Inhaltsverzeichnis, sowie Sach- und Namensregister erleichtern die Benutzung und verhelfen zum weiterführenden, vertiefenden Studium.

Die vorliegende 3. Auflage konnte mancherlei Hinweise und Wünsche von kritischen Rückmeldungen aus dem Leserkreis aufnehmen. Sie wurde entsprechend verbessert, erweitert und auf den aktuellsten Stand gebracht.

Didaktik/Bedeutungsspektrum

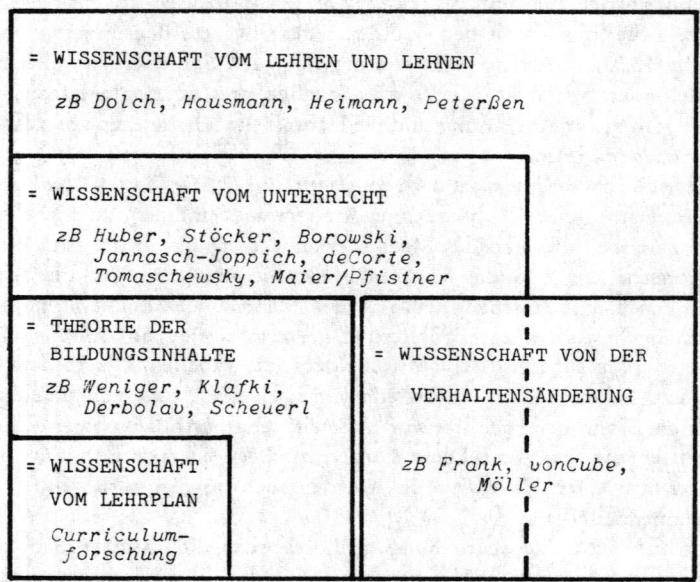

= WISSENSCHAFT VOM LEHREN UND LERNEN

*zB Dolch, Hausmann, Heimann, Peterßen*

= WISSENSCHAFT VOM UNTERRICHT

*zB Huber, Stöcker, Borowski,
Jannasch-Joppich, deCorte,
Tomaschewsky, Maier/Pfistner*

= THEORIE DER
BILDUNGSINHALTE

*zB Weniger, Klafki,
Derbolav, Scheuerl*

= WISSENSCHAFT
VOM LEHRPLAN

*Curriculum-
forschung*

= WISSENSCHAFT VON DER

VERHALTENSÄNDERUNG

*zB Frank, vonCube,
Möller*

Didaktik/Bereiche

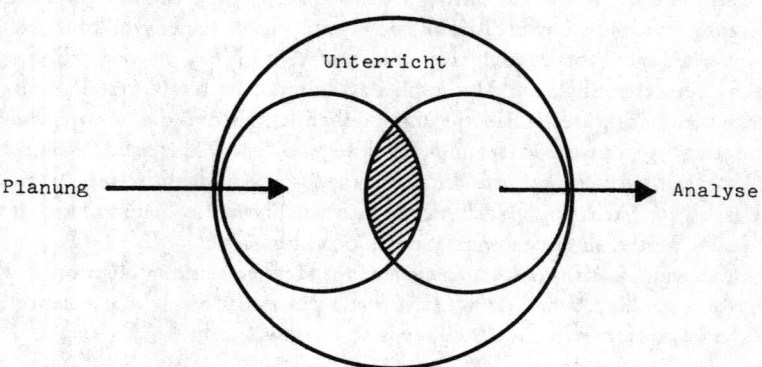

Unterricht

Planung ⟶ ⟶ Analyse

Das Wort Didaktik tritt im internationalen Sprachgebrauch kaum mehr auf. Im Deutschen und im Niederländischen können folgende Bedeutungen unterschieden werden:

1. Didaktik als Wissenschaft vom Lehren und Lernen
   Diese Begriffsbestimmung weist sehr zutreffend auf die außerschulischen didaktischen Elemente etwa in Poesie, Predigt oder Sachbüchern hin, müßte allerdings gegen die psycholog. Lerntheorien noch besonders abgegrenzt werden.

2. Wissenschaft vom Unterricht
   Diese Definition vor allem der Lerntheoretischen Didaktik legt zugrunde, daß es Didaktik nicht mit gelegentlichem Lehren und Lernen zu tun habe, sondern mit einer geplanten und organisierten Form, deren Hauptpraxisfeld eben der Schulunterricht ist. Allerdings haben die hier gewonnenen didaktischen Prinzipien auch außerhalb der Schule Geltung.

3. Die Einengung auf Inhaltsfragen (Geisteswissenschaftliche Didaktik) oder Lehrplantheorie (Curriculumforschung) hebt auf eine Abgrenzung zur Methodik ab und führt zu einer umständlichen Trennung zwischen »Didaktik im weiteren Sinne« (die Methodik mit einschließend) und »Didaktik im engeren Sinne« (als Theorie der Bildungs*inhalte*). Außerdem bekommt dieser Didaktikbegriff die gegenseitige Abhängigkeit von Stoff- und Methodenfragen nur sehr schwer in den Griff.

4. Zu einer fast grotesken Umkehrung des allgemeinen pädagogischen Sprachgebrauchs kommt es in der Kybernetischen Didaktik. Hier sind nur wissenschaftlich überprüfbare Verhaltensänderungen, also methodische Fragen, relevant, so daß eben jene Methodik, die in der bildungstheoretischen Konzeption der Didaktik gegenübergestellt wurde, nunmehr »Didaktik« genannt wird.

Didaktik im Verständnis dieses Buches hat Situationen zum Gegenstand, in denen gelernt und/oder gelehrt wird. Solche Situationen können – wie Wirklichkeit überhaupt – prinzipiell nicht vollkommen erfaßt werden (Verzicht auf Seinsaussagen = ontologischer Verzicht). Ein Ausschnitt wird aber durch *Planung*, ein anderer durch *Analyse* (Unterrichtsbeobachtung) faßbar. In der forschenden Reflexion wird die Analyse zur Planung rückgekoppelt, und es ergibt sich ein kleines kontrolliertes Feld, das mengentheoretisch als Schnittmenge zweier Teilmengen angesehen werden kann und das eigentliche Arbeitsgebiet der *Unterrichtsforschung* darstellt.

Strukturmodell des Unterrichts

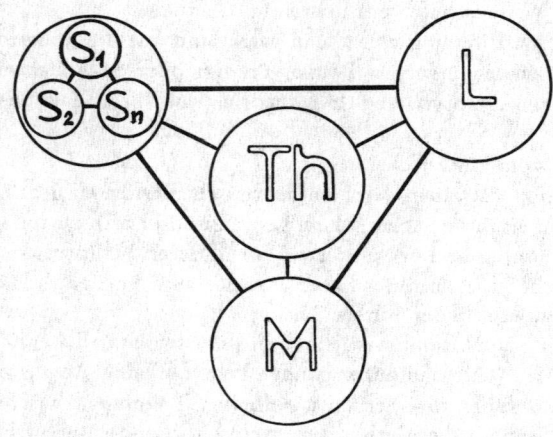

Beziehungen (Relationen):

L-Th
L-M          } Der Lehrer bereitet den Unterricht thematisch
L-Th-M       } mit oder ohne Unterrichtsmittel vor.

S-Th         } Die Schüler befassen sich in Einzelarbeit ($S_1$),
S-M          } Partnerarbeit ($S_1$-$S_2$) oder Gruppenarbeit
S-Th-M       } ($S_1$-$S_2$-...$S_n$) mit dem Thema, ± Unterrichtsmittel

S-S          } Unterrichtsirrelevante (nicht themenbezogene)
             } Schüler-Schüler-Interaktion

L-S          } Unterrichtsirrelevante (nicht themenbezogene)
             } Lehrer-Schüler-Interaktion

L-Th-S       } Unterrichtsrelevante (themenbezogene)
L-Th-M-S     } Lehrer-Schüler-Interaktion, ± Unterrichtsmittel

Zur Beschreibung oder Planung von Unterricht braucht eine wissenschaftliche Unterrichtslehre (Didaktik) eine normierte Terminologie (→ Die Struktur unseres Wissens). Diese besteht aus Fachwörtern, die durch Angabe von Beispielen auf die Unterrichtswirklichkeit bezogen werden können und miteinander durch Verknüpfungsregeln verbunden sind. Auswahl und Verknüpfung werden bestimmt durch eng umgrenzte *Denkmodelle* oder übergreifende *Theorien*. Da der Übergang zwischen Modellen und Theorien fließend ist, können für beide nach Walter POPP (in Dohmen/Maurer/Popp 1970, S. 14) folgende fünf Merkmale als charakteristisch angesehen werden:

1. Reduktion: Sie verkürzen die Wirklichkeit im Hinblick auf bedeutsame Strukturen.
2. Perspektivität: Sie stellen vektorartige Öffnungen zu bestimmten Fragestellungen her.
3. Akzentuierung: Sie heben bestimmte Faktoren, Funktionen und Gesetzmäßigkeiten hervor.
4. Transparenz: Sie machen komplexe Bedingungsgefüge durchschaubar.
5. Produktivität: Sie helfen zur Bewältigung eines bestimmten Praxisfeldes.

Da in einer Theorie wenigstens einige *Elemente* auf beobachtbare Phänomene beziehbar sein müssen, eignen sich für eine didaktische Theorie folgende drei:

L = Lehrer. Er ist durch Alter, Aussehen, Verhalten und vor allem Rollenzuweisung eindeutig identifizierbar.

S = Schüler. Da nicht nur relevante Beziehungen zwischen Lehrer und Schülerverband (Klasse) bestehen, sondern auch zwischen Lehrer und Einzelschüler, bzw. zwischen den Schülern selbst, muß das Element S noch ausdifferenziert werden ($S_1$, $S_2$ ... $S_n$).

M = Mittel. Außer den genannten personalen Elementen sind noch bestimmte Gegenstände (Möbel, Geräte, Materialien, Medien) für den Unterricht bedeutsam, die man Unterrichtsmittel nennt.

Nun ist die unterrichtliche Interaktion themenzentriert. Das jeweilige Thema läßt sich zwar nicht so leicht durch Hindeuten bestimmen wie die primären Elemente Lehrer, Schüler und Unterrichtsmittel, läßt sich aber aus diesen meist zweifelsfrei erschließen. Das Thema ist ein abgeleitetes Element 2. Ordnung.

Zwischen den genannten Elementen bestehen mannigfaltige *Beziehungen* (Relationen), wie sie unter dem Strukturschema unserer Grafik aufgeführt sind.

(Zum Modellbegriff vgl. auch Stachowiak 1980!)

Prozeßmodell des Unterrichts

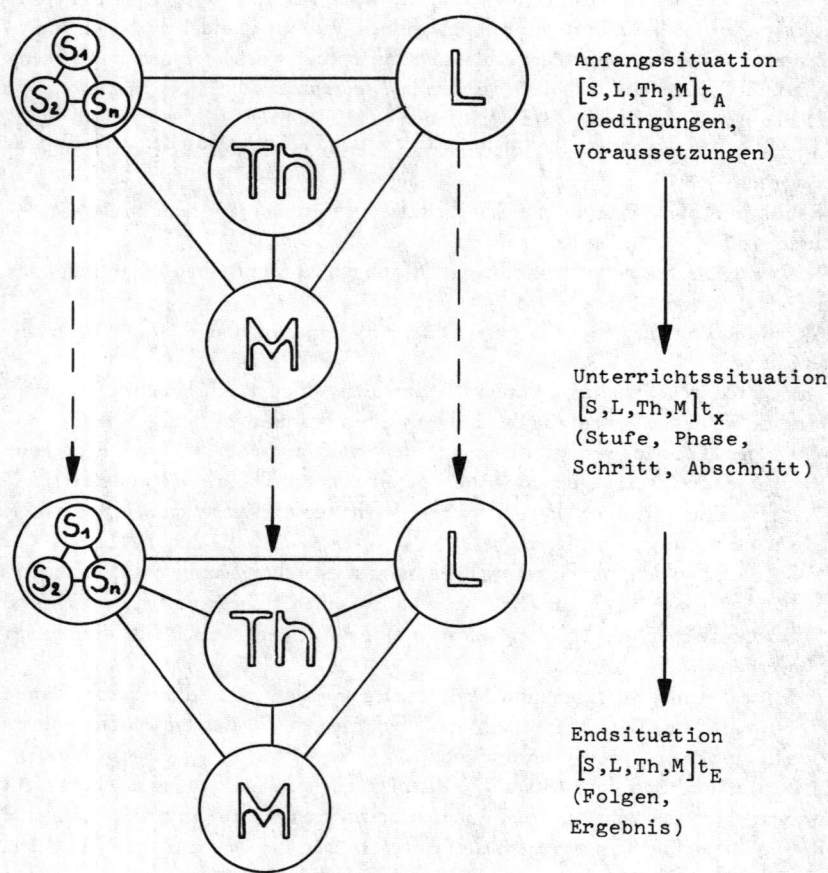

Anfangssituation
$[S,L,Th,M]t_A$
(Bedingungen,
Voraussetzungen)

Unterrichtssituation
$[S,L,Th,M]t_x$
(Stufe, Phase,
Schritt, Abschnitt)

Endsituation
$[S,L,Th,M]t_E$
(Folgen,
Ergebnis)

Unterricht ist keine statische Erscheinung, sondern ein Geschehen in der Zeit, ein Vorgang oder Prozeß (Maskus 1975). Deshalb muß das *Strukturschema* zu einem *Prozeßschema* erweitert werden. Ein solches dynamisches Beziehungsgefüge nennt man *System* (→ Systemtheoretische Didaktik).

Greifen wir aus dem Unterrichtsgeschehen eine bestimmte Zeitstrecke heraus, z. B. eine Unterrichtsstunde, so ergibt sich zunächst eine *Anfangs-* oder *Ausgangssituation*. In ihr erscheinen alle Elemente als Bedingungen oder Voraussetzungen (→ Lerntheoretische Didaktik): Der Schüler mit seinem Vorwissen und seiner Motivationslage, der Lehrer ebenfalls mit individuellen Persönlichkeitsmerkmalen, der Lehrplan einschließlich des Erkenntnisstandes der betreffenden Disziplin und die vorhandenen Unterrichtsmittel.

Es folgt der eigentliche *Unterrichtsverlauf*, den man in Phasen (Stufen, Schritten, Abschnitten) beschreiben kann. Es handelt sich dabei um zeitlich so begrenzte Situationen, daß die gerade vorhandenen Beziehungen in der Momentaufnahme des Strukturschemas faßbar werden (→ Artikulation des Unterrichts).

In der *Endsituation* werden alle Beziehungen abgebrochen. Das System zerfällt. Die Elemente, die ja als Subsysteme angesehen werden müssen, werden sich mehr oder weniger verändert haben. Vom Schüler erwartet man dies in Form eines Lernzuwachses. Das Ergebnis läßt sich z. T. durch Kontrollen feststellen. Es lag bereits zu Beginn des Lernprozesses antizipiert als sogenanntes Lernziel (»gewünschtes Lernergebnis«) vor.

Mit dem Prozeßmodell des Unterrichts kann nun der Unterricht selbst definitorisch gefaßt werden als medienunterstützte Lehrer-Schüler-Interaktion mit dem Ziel, die Eigenschaften des Systems »Schüler« bezüglich eines Themengebietes zu verändern. Kurz: *Unterricht ist lernzielorientierte Interaktion.*

Soll Unterricht nicht beschrieben, sondern bei der Beurteilung oder Planung auch bewertet werden, müssen dazu Kriterien vorliegen, die nicht im System begründbar und dem wissenschaftlichen – wenn auch nicht rationalen – Zugriff entzogen sind. Das wertfreie Prozeßmodell des Unterrichts muß durch eine wertbezogene *didaktische Prinzipienlehre* (Lehre von den Unterrichtsgrundsätzen) ergänzt werden (→ Der Stellenwert normativer Aussagen, → Das Exemplarische Prinzip, → Lerntheoretische Didaktik, → Die Wirklichkeitsrepräsentation der Medien).

Die drei Determinanten zur curricularen Zielbestimmung

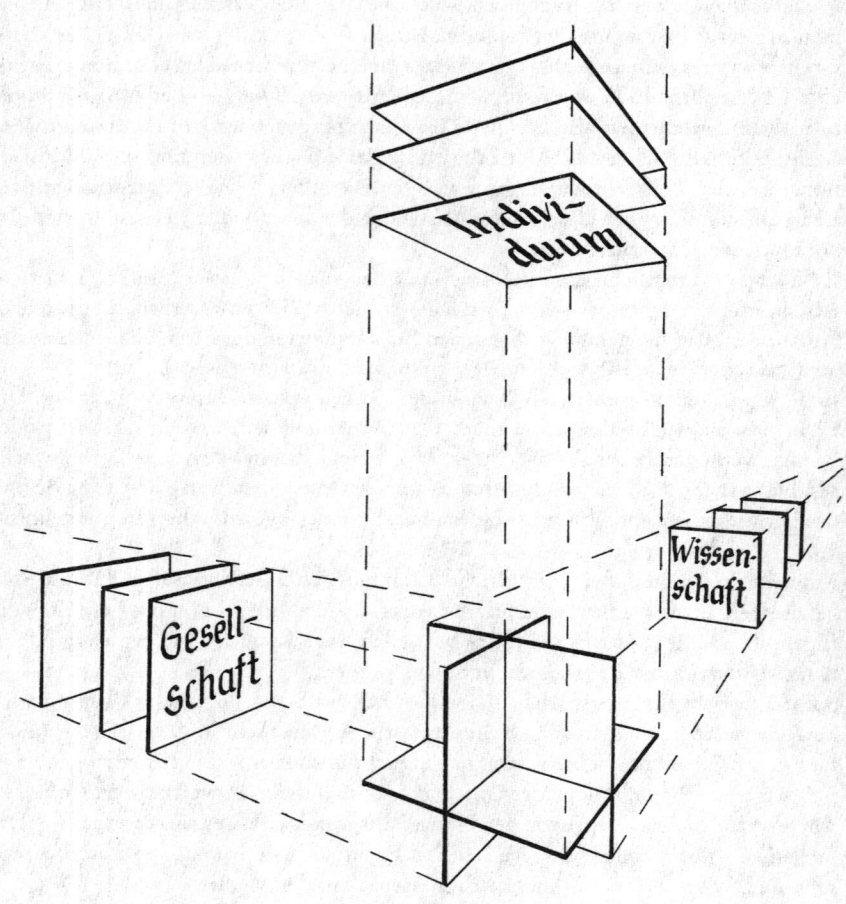

Seit es Unterricht als geplantes Lehren und Lernen gibt, erstellt man auch *Lehrpläne*. In Griechenland kristallisierte sich ein Kreis von Wissensfächern heraus (enkyklios paideia = Enzyklopädie), der im römischen Bildungswesen zu den *Septem artes liberales* (Sieben Disziplinen des freien Mannes) ausgestaltet wurde, dem grundlegenden Trivium (Grammatik, Rhetorik, Dialektik) und dem weiterführenden Quadrivium (Arithmetik, Geometrie, Astronomie, Musik). Aber mit der Geburt des modernen Staates im Zeitalter der Großen Industrien entstanden die amtlichen Lehrpläne und Richtlinien im heutigen Sinne (Dolch 1959).

Die *Curriculumforschung* beansprucht, die Erstellung von Lehrplänen nicht den intuitiven Entscheidungen von Lehrplankommissionen zu überlassen, sondern mit Hilfe wissenschaftlicher Methoden anzugehen.

Wie Klaus HUHSE zunächst aus dem amerikanischen Forschungsbereich referierte, geht es um vier Entscheidungsbereiche:

1. Allgemeine Ziele der Schule (aims)
2. Spezielle Unterrichtsziele (objectives)
3. Zusammenstellung zu einem Lehrplan (organization)
4. Effizienzprüfung (evaluation)

Entsprechend enthält auch ein Curriculum nicht nur Zielbestimmungen und Stoffpläne (wie die traditionellen Lehrpläne), sondern zusätzlich organisatorische Hinweise (Methoden, Medien) und Kontrollangaben, so daß ein Curriculum auch kurz als ein Lernplan (im Gegensatz zum Lehrplan) definiert werden kann.

Der kritischste Punkt ist bis zur Gegenwart zweifellos die Entscheidung über allgemeine und spezielle Unterrichtsziele geblieben; denn hier handelt es sich um Wert- und Normprobleme, die nicht mehr empirisch gelöst werden können, sondern – wie P. W. TAYLOR überzeugend dargelegt hat – nur innerhalb einer bestimmten individuellen und kollektiven Lebensform rational verteidigt werden können.

Aus verschiedenen Kriterien zur Zielbestimmung haben sich im Verlaufe der Diskussion vor allem drei Quellen oder Determinanten herausgeschält:

1. Das überlieferte und von den *Wissenschaften* kategorisierte Wissen und Kulturgut
2. Die *Gesellschaft* und ihre Anforderungen
3. Das *Individuum* und seine Bedürfnisse

Wenn alle drei Determinanten bei einem geplanten Unterrichtsziel berücksichtigt sind, kann dieses Ziel in etwa als gerechtfertigt betrachtet werden (→ Didaktische Analyse →Rechtfertigungsverfahren). Obwohl dieses Raster sehr grob ist, konnte es bislang noch nicht wesentlich verfeinert oder ersetzt werden.

Strategisches Schema der Curriculumforschung

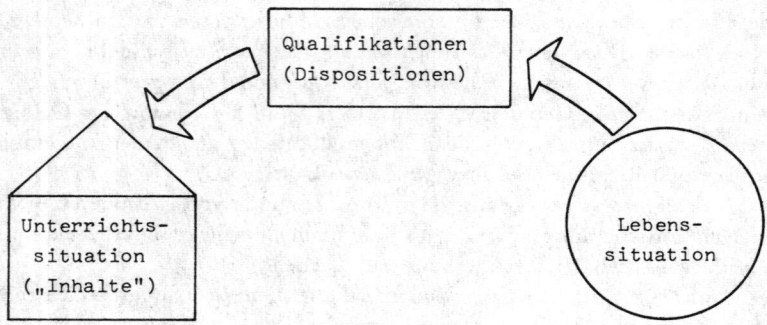

Qualifikationsbereiche

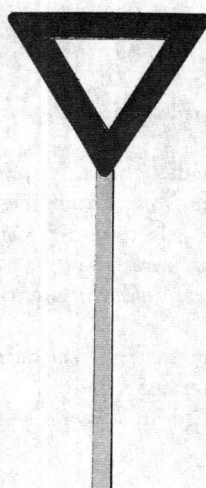

1. <u>Kognitiver Bereich</u>

   a) Wissen

   zB Wissen, daß dieses Zeichen „Vorfahrt gewähren" heißt.

   b) Verstehen

   zB Verstehen, daß man hier andere Verkehrsteilnehmer vorbeifahren lassen muß.

   c) Einsicht

   zB Einsehen, daß diese Regelung sinnvoll ist.

2. <u>Affektiver Bereich</u>

   zB Bereitschaft, diese Regel zu befolgen.

3. <u>Psychomotorischer Bereich</u>

   zB Fähigkeit, mit dem Rad ganz langsam zu fahren und ggf. anzuhalten (bremsen, Fuß auf die Erde setzen).

# Das Strategische Schema der Curriculumforschung

Welche gedanklichen Einzelschritte bei der Erstellung eines Lehrplanes nötig sind, hat bereits J. H. CAMPE (Pädagogik II, S. 351) vor zweihundert Jahren mustergültig dargelegt: »Es gehört .. ganz vorzüglich zu der Pflicht des Erziehers, (1) über diejenige Lage, worin sein Zögling wahrscheinlicherweise künftig kommen wird, nachzudenken, und (2) reiflich zu erwägen, welche Körper- und Seelenfertigkeiten ihm in dieser Lage unentbehrlich .. sein würden, um (3) danach die Gegenstände auszuwählen, an denen die auszubildenden Kräfte desselben geübt werden müssen.«

In der BRD wurde die Curriculumforschung durch die Arbeit von Saul B. ROBINSOHN (1967) eingeleitet. Gegen ökonomische, sozialkritische und unterrichtstechnologische Ansätze in der Bildungsreform schlägt er eine Revision der Inhalte vor (→ E. Weniger 1930 und → Didaktische Analyse!). Im Einklang mit den amerikanischen Forschungen und in Abhebung von den traditionellen Lehrplänen enthält ein revidiertes Curriculum einen strukturierten Lernzielkatalog, Vermittlungsanweisungen und Angaben zur Überprüfung.

Ausgangspunkt für das Verfahren ist die gegenwärtige oder zukünftige *Lebenssituation,* zu deren Bewältigung in der Schule ausgerüstet werden soll (pragmatisches Interesse).

Dann wird zurückgeschlossen auf die dafür nötigen *Qualifikationen* oder Dispositionen, also die Gesamtverfassung des Menschen, die eine spätere Bewährung wahrscheinlich macht.

Endlich ist zu überlegen, welche *Unterrichtssituation* arrangiert werden muß, damit diese Qualifikationen erreicht werden.

Bei der Bestimmung und Legitimation von Unterrichtszielen würde man umgekehrt verfahren und etwa sagen: Dieses Ziel soll diese Qualifikation erbringen, die zur Bewältigung dieser Lebenssituation nützlich ist.

Ein Problem bleibt auch bei ROBINSOHN, nach welchen Gesichtspunkten und Verfahren gegenwärtige Lebenssituationen analysiert und zukünftige abgeschätzt werden sollen. Die von ihm vorgeschlagene Expertenbefragung hat immer wieder Kritik hervorgerufen, da es letztlich bei Lehrplan nicht nur um das fertige Produkt geht, sondern um die Art und Weise seiner Erstellung (Hacker 1975), die nämlich auf demokratische Weise erfolgen soll.

Was die Qualifikationen betrifft, so werden sie in den traditionellen drei Dimensionen der Gesamtpersönlichkeit beschrieben als kognitive, affektive und psychomotorische Qualifikationen (→ Lerntheoretische Didaktik → Lernzieltaxonomien).

Das Didaktische Strukturgitter (Lenzen in Blankertz 1973, S. 138)

Strukturgitter für den deutschen Sprachunterricht

| Medien der Reproduktion des Lebens | Medien der Definition des Lebens / Kategorien der Reduktion von Systemkomplexität | Technisches Interesse | Praktisches Interesse | Emanzipatorisches Interesse |
|---|---|---|---|---|
| Kognition | Problematisierung | Operationalität Regelkonformität | Legalität Normkonformität | Legitimität Regel- und Norm-problematisierung |
| | Intention | | | |
| | Selektion | Technisch verwertbares Wissen | Funktionalistisches Wissen | praktisch folgenreiches Wissen |
| Sprache | Problematisierung | Semantische Dimension | Syntaktische Dimension | Pragmatische Dimension |
| | Intention | Benennen von Gegenständen | Verwendung von Zeichen eines Zeichensystems | Kommunikation von Sender(n) und Empfänger(n) |
| | Selektion | Elementare Aussagen | Elementare Sätze | Elementare Äußerungen |
| Kommunikation | Problematisierung | Strategisches Handeln | Systematisch verzerrte Kommunikation | Ideale Lebensform |
| | Intention | Regelproblematisierung | Normproblematisierung | Kommunikatives Handeln |
| | Selektion | Theoretisch-Empirischer Diskurs | Praktischer Diskurs | Chancengleiche Hervorbringung von Sprechakten |

# Fachdidaktische Curriculumforschung

Das Konzept von ROBINSOHN (1967) kann als »globaler Ansatz« bezeichnet werden in dem Sinne, daß die hier intendierte Curriculumreform auch Rückwirkungen auf den Fächerkanon haben muß. Es ist ja schlechterdings nicht einzusehen, inwiefern Disziplinen wie Medizin, Psychologie, Pädagogik (!), Finanzwissenschaften, Ökonomie und Jurisprudenz keine Unterrichtsfächer sind und statt dessen in Geschichte, Geografie und Biologie – vom Kunstunterricht ganz abgesehen – vielfach Hobbywissen vermittelt wird. Eine konsequente Curriculumforschung muß also auch den traditionellen, historisch bedingten Fächerkanon überprüfen und neugestalten.

Diesem langfristigen Unterfangen stellt die Gruppe um Herwig BLANKERTZ ihren *fachdidaktisch-mittelfristigen Ansatz* entgegen. Er soll die globale Revision antizipieren und zunächst im Rahmen des bestehenden Fächerkanons eine Neuerstellung der Lehrpläne ermöglichen. Kern dieses Ansatzes ist die Begegnung von fachwissenschaftlicher und pädagogischer Kompetenz. Hier muß die Richtigkeit im Sinne einer Wissenschaft auf dem Hintergrund einer leitenden kritisch-pädagogischen Theorie abgeschätzt werden.

Zur begrifflichen Fassung des Zusammenhangs von Fachwissenschaft und Erziehungswissenschaft hat diese Gruppe ein *»didaktisches Strukturgitter«* (Didaktische Matrix) konstruiert. Es dient dazu, grundlegende Sachverhalte eines Gegenstandsfeldes mit normativen Zielentscheidungen der Pädagogik in Beziehung zu setzen. Dadurch kann zwar keine Auffindung oder Ableitung von Unterrichtszielen erfolgen, aber doch eine wirkungsvolle Überprüfung.

Der zunächst für das Fach Arbeitslehre konkretisierte Ansatz von BLANKERTZ wurde inzwischen für nahezu alle Unterrichtsfächer weitergeführt und wurde auch bereits der Erarbeitung der nordrhein-westfälischen Richtlinien für den Politik-Unterricht zugrunde gelegt. Wie weit hierbei laut gewordene Kritik tatsächlich stichhaltig ist, kann noch nicht zuverlässig abgeschätzt werden (Hacker 1975).

Um praktischen Belangen stärker zur Geltung zu verhelfen, wurden weitere, kurzfristige Modelle entwickelt, wie das *Action-research-Modell* der Bielefelder Forschungsgruppe (H. von Hentig 1971), das *Entscheidungstheoretische Modell* (Flechsig 1970 und Haller 1971) und zahllose sogenannte *Offene Curricula* (Westphalen 1973). Parallel dazu verliefen Forschungen zum *Heimlichen Lehrplan* (Zinnecker 1975).

Lernzielebenen

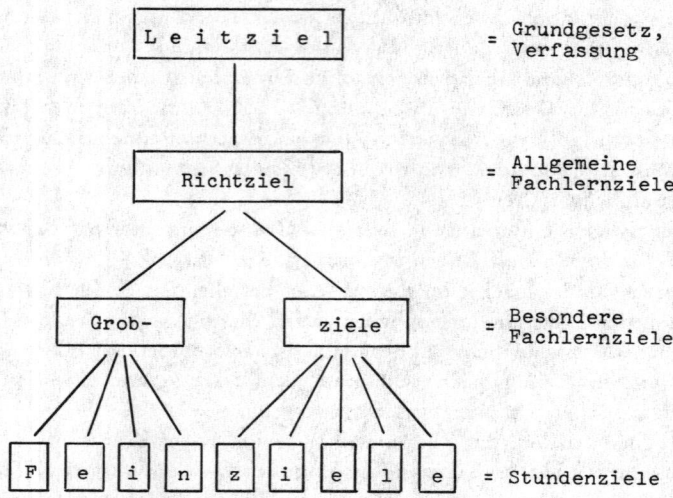

| | Konkret (Endverhalten) | Abstrakt (Verhaltens-disposition) |
|---|---|---|

Raster zur Bestimmung der Lernzielebene (Edelmann/Möller)

| Verhaltensteil ⟍ Inhaltsteil | Konkret (Endverhalten) | Abstrakt (Verhaltens-disposition) |
|---|---|---|
| Konkret | Fein-ziel | Grob-ziel |
| Abstrakt | Grob-ziel | Richt-ziel |

Zum Zwecke der Lernplanung hat Chr. MÖLLER (1969) drei *Lernzielebenen* unterschieden, die sich vor allem durch ihr Abstraktionsniveau von einander unterscheiden lassen:

| Lernzielart | Lernzielbeispiel | Formulierung | Merkmale | Anwendung |
|---|---|---|---|---|
| Feinziel (Abstraktionsniveau) | 10 vorgegebenen Geschäftsbriefen ohne Anrede von den 10 vorgegebenen Anredeformen mindestens 8 richtig zuordnen können | Endverhaltensbeschreibung, nähere Bestimmung des Endverhaltens, Angabe des Beurteilungsmaßstabes | Höchster Grad an Eindeutigkeit und Präzision, schließt alle Alternativen aus | Feinplanung |
| Grobziel (Abstraktionsniveau) | Die verschiedenen Anredeformen in Geschäftsbriefen kennen | Vage Endverhaltensbeschreibung ohne Angabe des Beurteilungsmaßstabes | Mittlerer Grad an Eindeutigkeit und Präzision, schließt viele Alternativen aus | Grobplanung |
| Richtziel (Abstraktionsniveau) | Befähigt werden, an Kultur- und Wirtschaftsleben des Staates teilzunehmen | Beschreibung mit umfassenden, unspezifischen Begriffen | Geringster Grad an Eindeutigkeit und Präzision, schließt nur sehr wenige Alternativen aus | Erarbeitung der weltanschaulichen Grundlagen für die Lernzielerstellung |

Wieder muß hier darauf hingewiesen werden (→ Normative Didaktik → Operationalisierung), daß bei der Lernzielbestimmung Konstruktion und Legitimation nicht in eins gesetzt werden dürfen. Eine geradlinige *Deduktion* im logischen Sinne ist nicht möglich: in die Bestimmung der Feinziele gehen zusätzliche Entscheidungskriterien mit ein. Die Kritik an den obersten Sinnormen muß also »immer mitbedacht werden, um nicht bei der Deduktion aus diesen scheinbar feststehenden Leitideen gleichzeitig die ganzen unteren Lernzielbereiche festzuschreiben, zu legitimieren und damit unangreifbar zu machen« (Siegfried Thiel 1973, S. 38).

So zeigt etwa Werner NESTLE, daß das Unterrichtsziel »Die Uhrzeit ablesen können« nicht durch eine vorhergegangene Grobzielbestimmung als notwendiges formales und damit wertneutrales Ziel ausgewiesen werden kann, sondern daß auch hier auf der untersten Zielebene sichtbar werden muß, daß Uhren sowohl Instrumente des Zwangs (Anpassung, Herrschaft, Leistungsdruck) als auch der Freiheit (soziale Regelungen, sinnvollen Umgang mit der eigenen Lebenszeit, Planung und Vorsorge) sind.

Dimensionen des Verhaltens

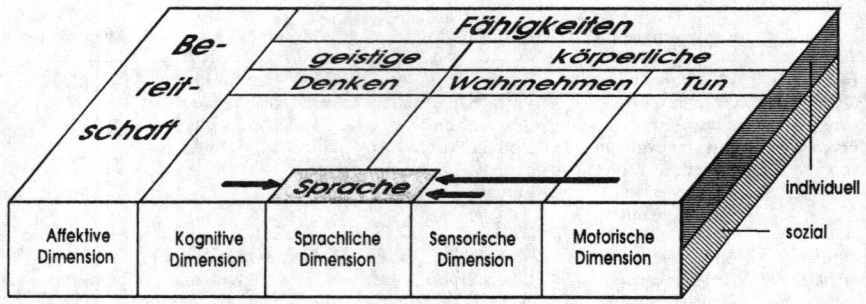

Teilbereiche des Sprachverhaltens

| Beherrschung aktiv/passiv Sinneskanal | Sprache verwenden (Performanz) | Sprache verstehen (Kompetenz) |
|---|---|---|
| visuell | Schreiben | Lesen |
| auditiv | Sprechen | Hören |

Lernziele sind sprachliche Formulierungen des gewünschten Lernergebnisses, bezogen auf einen bestimmten Inhalt. Ensprechend unterscheidet man bei Lernzielen einen *Inhaltsteil* und einen *Verhaltensteil*. Zur Gewinnung von Feinzielen ist es notwendig, beide Teile auszudifferenzieren, was zur Konstruktion von Inhalts- und von Verhaltenstaxonomien führte.

Was zunächst das Verhalten betrifft, so hatte schon die Lerntheoretische Didaktik (Heimann/Otto/Schulz 1965) versucht, die Fülle der möglichen und auf den verschiedenen Leistungen der Gesamtpersönlichkeit beruhenden Verhaltensweisen zu klassifizieren, und dazu auf die traditionelle Trennung von Leib, Geist und Seele zurückgegriffen, wie sie etwa auch metaphorisch bei Pestalozzi in der Trias Kopf, Herz und Hand verwendet wird. Die amerikanischen Lernzieltaxonomien sind zwar wesentlich differenzierter und auch besser empirisch abgesichert, können aber auch nicht ontologische Aussagen über die Wirklichkeit machen, sondern dienen analytischen Zwecken.

Die vorliegenden drei Dimensionen – die kognitive, affektive und psychomotorische – lassen sich auf ursprünglich zwei hypothetische Wurzeln unseres Verhaltens zurückführen, nämlich die *Bereitschaft*, etwas zu tun (psychische Kräfte, Aktionspotential), und die *Fähigkeit* (psychische Funktionen, Taxis, Ausformung). Die Fähigkeit kann in sichtbaren Körperbewegungen oder als verinnerlichtes Tun in Denkvorgängen bestehen.

Daß die vorhandenen und gebräuchlichen Taxonomien das Verhalten nur unvollständig erfassen, zeigt sich in drei Fehlanzeigen: 1. Es gibt noch keine anerkannte *sprachliche* Taxonomie; diese müßte kognitive und motorische Komponenten des Sprachverhaltens sichtbar machen. 2. Es gibt noch keine Taxonomie für den *sozialen* Bereich; hierbei wäre wohl eine quer zu den einzelnen Dimensionen liegende Unterscheidung von intrasubjektiver (innerpsychischer) und intersubjektiver (sozialer) Blickrichtung anzunehmen. 3. Endlich fehlt eine *sensorische* Taxonomie, die das Wahrnehmungsverhalten nach den Sinnesqualitäten dimensioniert und dann hierarchisiert.

Die eigentliche Leistung der Verhaltenstaxonomien liegt in ihrer Funktion als Hilfsmittel zum Auffinden und Ordnen von Lernzielen. Die in den Taxonomien verarbeiteten Vorstellungen über die Struktur menschlicher Leistungen sind geeignet, eine Fülle von Ideen über spezifizierte Zielsetzungen zu produzieren. Da Taxonomien überdies einen relativ detaillierten Einblick in die Komplexität schulischer Zielsetzungen – bzw. in die Undifferenziertheit, mit der üblicherweise über das im Unterricht Angestrebte gedacht, geschrieben und entschieden wird – ermöglichen, muß ihnen auch eine aufklärerische Funktion zugeschrieben werden (Messner/Posch S. 22).

Taxonomie von Lernzielen im kognitiven Bereich
(gekürzt nach Bloom 1956)

| 1 Wissen | 11 Kenntnis konkreter Einzelheiten (Wörter, Symbole, Ereignisse, Orte, Personen) <br> 12 Formales Wissen (Methoden, Konventionen, Kriterien, Klassifikationen) <br> 13 Abstraktes Wissen (Gesetze, Theorien) |
|---|---|
| 2 Verstehen | 21 Übersetzen in eine andere Sprache oder Form <br> 22 Interpretieren (Erklären oder Zusammenfassen einer Mitteilung) <br> 23 Extrapolieren (Ableitung von Folgerungen) |
| 3 Anwendung | Anwendung von allgemeinen Sätzen im Einzelfall |
| 4 Analyse | 41 Analyse von Elementen <br> 42 Analyse von Beziehungen <br> 43 Analyse von Prinzipien |
| 5 Synthese | 51 Synthese einer einzelnen konkreten Ganzheit <br> 52 Synthese einer komplexen konkreten Ganzheit <br> 53 Synthese einer komplexen abstrakten Ganzheit |
| 6 Bewertung | 61 Beurteilung nach innerer Evidenz <br> 62 Beurteilung nach äußeren Kriterien |

Unter Lernzieltaxonomie versteht man die hierarchische Ordnung aller Lernziele innerhalb eines bestimmten Lernbereiches. Ordnungsgesichtspunkt bei der von Benjamin S. BLOOM und Mitarbeitern erstellten kognitiven Taxonomie ist die *Komplexität*. Die Lernziele einer bestimmten Hauptklasse bauen auf die Lernziele der vorhergehenden Klassen auf, und eine bestimmte einfache Verhaltensweise aus einer niederen Klasse integriert sich mit einer anderen ebenso einfachen Verhaltensweise zu einem komplexeren Verhalten einer höheren Klasse. So stellt der Ordnungsgesichtspunkt der Komplexität zugleich eine Ordnung nach der Schwierigkeit des Lernzieles dar.

Beispiele aus dem Fach Geografie und Wirtschaftskunde (MESSNER/POSCH):

1. Der Schüler kennt die Bedeutung der Ausdrücke »Halbinsel« und »Lagune«.
2. Der Schüler kann den Inhalt des Abschnittes »Italien« in seinem Geografiebuch mit eigenen Worten wiedergeben.
3. Der Schüler kann erklären, warum bei Ravenna das Land jährlich ca. 1 m ins Meer wächst.
4. Der Schüler kann in einem Film über die Automobilindustrie Italiens Tatsachen von Einschätzungen, Folgerungen und Meinungen unterscheiden.
5. Der Schüler stellt mit Hilfe des Atlasses eine Ferienreise nach Italien zusammen.
6. Der Schüler kann Behauptungen über die wirtschaftliche Lage Italiens kritisch bewerten.

Es zeigt sich hier, daß Taxonomien Hilfe leisten können bei der Auffindung und Formulierung von Prüfungsaufgaben zur Kontrolle des Unterrichtserfolges. Einschränkend muß aber nochmals betont werden, daß sich das Unterrichtsgeschehen durch diese Zielbestimmung und Kontrolle nicht voll erfassen läßt, da sich nicht alle geistigen Lernprozesse in beobachtbarem Verhalten äußern (behavioristisches Mißverständnis!).

Außerdem enthält nach MESSNER/POSCH das isolierte Auftreten einer breit gefächerten Kategorie »Wissen« die Gefahr, sich damit zu begnügen, Kenntnisse um ihrer selbst willen, also unabhängig von den Fähigkeiten, deren inhaltliche Komponente sie bilden, anzustreben und abzufragen. Sie sind lediglich der »statische« Aspekt komplexer kognitiver Strukturen.

Endlich liefert die kognitive Taxonomie auch keine Kriterien für die Entscheidung über die thematische Vollständigkeit und für die Beurteilung der Wünschbarkeit von Lernzielen. Hierzu sind gesonderte Legitimationsverfahren notwendig.

Taxonomie von Lernzielen im affektiven Bereich
(gekürzt nach Krathwohl/Bloom/Masia 1964)

| | | |
|---|---|---|
| 1<br><br>Beachtung | 11 | Kenntnisnahme eines Wertes |
| | 12 | Aufnahmebereitschaft |
| | 13 | Gerichtete, selektive Aufmerksamkeit |
| 2<br><br>Reagieren | 21 | Einwilligung zum Reagieren |
| | 22 | Bereitschaft zum Reagieren |
| | 23 | Befriedigung beim Reagieren |
| 3<br><br>Werten | 31 | Annahme eines Wertes |
| | 32 | Bevorzugung eines Wertes |
| | 33 | Bindung an einen Wert |
| 4<br><br>Wertordnung | 41 | Konzeptbildung für einen Wert |
| | 42 | Errichtung eines Wertsystems |
| 5<br><br>Bestimmtsein durch Werte | 51 | Verallgemeinerung des Wertsystems |
| | 52 | Bildung einer Weltanschauung |

Auch die von David R. Krathwohl und Mitarbeitern ausgearbeitete Taxonomie von Lernzielen im affektiven Bereich zeigt eine hierarchische Ordnung. Klassifikationsgesichtspunkt ist hier die *Internalisation* (Verinnerlichung) von Werten. Im Verlaufe dieses Vorganges wird der Lernende auf Phänomene aufmerksam, reagiert auf sie, wertet sie und konzeptualisiert sie; er organisiert seine Werte zu einem Wertkomplex, der allmählich seinen Lebensstil charakterisiert. Unter Rückgriff auf andere in der Psychologie gebräuchliche Termini könnte auch von Interesse, Wertschätzung, Einstellungen bis hin zur Habit-Bildung (Gewohnheit, Anpassung) gesprochen werden.

Beispiel zu dem Ziel »Lesen guter Bücher« (Messner/Posch):

1.1 Der Schüler hört den Ausführungen des Lehrers über gute und schlechte Bücher zu.

1.2 Der Schüler hört sich an, was in einer Fernsehsendung über neue Jugendbücher gesagt wird.

1.3 Der Schüler interessiert sich für Bücher von Jugendschriftstellern, die der Lehrer positiv erwähnt hat.

2.1 Der Schüler liest ein Buch, weil es ihm der Lehrer empfohlen hat.

2.2 Der Schüler schmökert in der Schülerbibliothek.

2.3 Der Schüler findet an Büchern des »Buchklubs der Jugend« Freude.

3.1 Der Schüler liest mit zunehmendem Interesse gute Bücher.

3.2 Der Schüler zieht gute Bücher anderen von ihm gebilligten Werten vor (z. B. Sport, Musik).

3.3 Der Schüler versucht, seine Kameraden dazu zu bringen, ein Buch zu lesen, das er für gut findet.

4.1 Der Schüler spricht darüber, warum eine Erzählung von R.L. Stevenson wertvoller ist als ein Groschenroman.

4.2 Das Lesen guter Bücher wird vom Schüler als ein wesentlicher Wert im Leben angesehen.

5 (Diese Kategorie entfällt, weil mit der Kategorie 4. bereits das komplexeste Verhalten erfaßt ist, das dem Ziel »Lesen guter Bücher« entspricht.)

Die Erreichung affektiver Lernziele kann nur in wenigen Fällen in der Schule selbst kontrolliert werden. Daher werden sie meist nur vage angegeben (achten, lieben, Ehrfurcht haben) oder übergangen. Die – im Original selbstverständlich noch weiter aufgegliederte – affektive Taxonomie erinnert uns daran, daß letztlich jeder Unterricht auf jene Bewährung in einer Lebenssituation abheben muß, die in den emotionalen Tiefenschichten verankert ist.

Taxonomie von Lernzielen im psychomotorischen Bereich
(nach Guilford 1958)

| | |
|---|---|
| 1<br><br>Kraft | Die Fähigkeit, psychomotorische Fertigkeiten auszuführen, bei denen es vorwiegend auf Kraftanwendung ankommt. |
| 2<br><br>Stoß | Die Fähigkeit, den eigenen Körper oder einen Gegenstand durch gezielte Kraftanwendung in die gewünschte Richtung zu bringen. |
| 3<br>Geschwindig-<br>keit | Die Fähigkeit, psychomotorische Fertigkeiten in einem bestimmten Tempo auszuführen. |
| 4<br>Statische<br>Präzision | Die Fähigkeit, psychomotorische Fertigkeiten auszuführen, bei denen es vorwiegend auf Genauigkeit in Ruhestellung ankommt. |
| 5<br>Dynamische<br>Präzision | Die Fähigkeit, psychomotorische Fertigkeiten auszuführen, bei denen es vorwiegend auf Genauigkeit bei Bewegungsabläufen ankommt. |
| 6<br>Koordination | Die Fähigkeit, zwei oder mehrere psychomotorische Fertigkeiten zugleich in richtiger Beziehung zueinander auszuführen. |
| 7<br>Flexibilität | Die Fähigkeit, zwei oder mehrere psychomotorische Fertigkeiten flüssig, d. h. ohne Stockung auszuführen. |

Für den psychomotorischen Bereich gibt es mehrere Auflistungsvorschläge. KIBLER/ BARKER/MILES (1970, in: Gage/Berliner 1977) arbeiten mit den vier Kategorien Grobkoordination, Feinkoordination, nichtverbale Kommunikation und Sprachverhalten. DAVE (1968, in: Möller 1969) unterscheidet die Stufen Imitation, Manipulation, Präzision, Handlungsgliederung und Naturalisierung. Bei beiden Ordnungskonzepten wird das hierarchische Prinzip nicht, bzw. nicht in aller Strenge durchgehalten.

Die in der Grafik vorgestellte Taxonomie – man könnte sie »physikalistische« nennen – stammt von GUILFORD (1958, in: Möller 1969) und ist als einzige Taxonomie faktorenanalytisch gestützt. Ordnungsgesichtspunkt ist die *Koordination* psychomotorischer Fähigkeiten, wie sie als Grundlage für nahezu jedes Unterrichtsfach nötig ist (Schreiben, Geräte bedienen oder handhaben) oder zum Ziel selbständiger Fächer erhoben wird (Leibeserziehung, Kunsterziehung, technisches und künstlerisches Werken, Hauswirtschaftslehre, Musikunterricht, Maschinenschreiben). Um z. B. einen Nagel einschlagen zu können, muß ein Hammer mit einer gewissen Kraft (1.) und Geschwindigkeit (3.) in Richtung Nagelkopf bewegt werden (2.), wobei die den Nagel festhaltende Hand (4.) und die den Hammer führende Hand (5.) so koordiniert (6.) werden müssen, daß das Ziel erreicht wird, wobei durch Übung die Geläufigkeit (7.) erhöht werden kann.

Als weitere Beispiele werden von Christine MÖLLER (1969) angegeben:

1. Schwere Lasten stemmen – Expander ziehen
2. Stabhochspringen – Hammerwerfen, Kugelstoßen
3. Sieben Knöpfe möglichst rasch an einer Knopfleiste annähen – Einen Absatz aus einem Lesestück so rasch wie möglich abschreiben
4. Beim Einschlagen eines Nagels in die Wand den Nagel mit der linken Hand an der gewünschten Stelle ruhig festhalten – Beim Geigenspielen die Finger auf den niedergedrückten Saiten niedergedrückt lassen
5. Mit der Nähmaschine eine Naht genau 4 mm von der Kante entfernt steppen – Auf einem Schwebebalken auf den Zehenspitzen gehend balancieren
6. Beidhändig Klavierspielen – Beim Töpfern Fuß- und Handbewegungen zugleich und in einem bestimmten Maße auszuführen
7. Wedeln beim Schifahren – Flüssiges Schreibmaschineschreiben

Überblickt man die dargestellten Taxonomien, so wird deutlich, daß die Trennung in drei Leistungsbereiche nur heuristischen Wert haben kann. In der aktuellen Endhandlung sind stets alle drei Dimensionen angesprochen (→ Strategisches Schema: Qualifikationsbereiche).

Operationalisierung von Lernzielen

BEISPIEL:                          DEFINITION:

| 10 Geschäftsbriefen ohne Anreden die richtigen Anreden zuordnen können, | 1. Beobachtbares Endverhalten (mit Hilfe von Verben, die möglichst wenige Interpretationen zulassen) |

| wobei 10 Anreden vorgegeben sind | 2. Festsetzung der Bedingungen (zugelassene Hilfsmittel) |

| und mindestens 8 Anreden richtig zugeordnet sind. | 3. Angabe des Meßinstruments (Beurteilungsmaßstab, Fehlertoleranzen) |

Gut und schlecht zu beobachtendes Endverhalten

| Verben, die viele Interpretationen zulassen: | Verben, die wenige Interpretationen zulassen: |
|---|---|
| Wissen (was ein Spin ist) | Aufzählen können |
| Verstehen (ein Motiv) | Vergleichen |
| Einsehen (eine Notwendigkeit) | Messen |
| Glauben (an Gott) | Zuordnen |
| Achten (den Mitmenschen) | Identifizieren |
| Ehrfurcht haben (vor dem Leben) | Rechenaufgabe lösen |
| Lieben (die Natur) | Zeichnen |

Um das gewünschte Endverhalten beim Schüler aufbauen und kontrollieren zu können, muß der Verhaltensteil operationalisiert werden: Das heißt: für die angestrebten Verhaltensdispositionen müssen *Indikatoren* gefunden werden, die möglichst eindeutig auf diese hinweisen. Zu bevorzugen sind Verben, die nicht verschiedene Interpretationen zulassen.

Nach MAGER (1965) enthält ein voll operationalisiertes Lernziel folgende drei Komponenten:

1. Die Angabe des beobachtbaren *Endverhaltens*.
2. Die Angabe der *Bedingungen,* unter denen das Verhalten gezeigt werden soll (zugelassene Hilfsmittel), z. B. Auswahlantworten, Arbeitszeit, Formelsammlung, Wörterbuch.
3. Die Angabe des *Beurteilungsmaßstabes* (Meßinstrument und Fehlertoleranzen), z. B. Geschwindigkeit, Streckenmaße, Anzahl der gelösten Aufgaben.

Operationalisierte Lernziele bringen für den Unterricht einige Vorteile mit sich. Der Lehrer kann den Lernprozeß präziser planen. Für den Schüler oder dritte Personen wird der Unterricht transparenter. Die Effektivität erhöht sich, weil der Lehrer und Schüler durch genaue Vorstellungen vom Ziel besser motiviert sind. Endlich kann bei operationalisierten Lernzielen exakter überprüft werden, ob oder in welchem Maße sie erreicht wurden.

Den Vorteilen stehen einige Einschränkungen gegenüber:

a) Jede Operationalisierung ist eine Verkürzung: Im Unterricht wird mehr gelernt, als operationalisiert worden ist und kontrolliert werden kann.
b) Die Angemessenheit von Lernzielen darf nicht mit ihrer Operationalisierbarkeit verwechselt werden. Operationalisierung ist kein Verfahren zur Rechtfertigung von Lernzielen, sondern nur eine Form der Beschreibung, um Lernziele überprüfbar zu machen.
c) Bei einem lernzielorientierten Unterricht muß die Offenheit des Lernfeldes beachtet werden. Situative Momente und die Selbstbestimmung von Lehrenden und Lernenden können jederzeit während des Unterrichts eine Abweichung von operationalisierten Lernzielen nahelegen.

Aspekte der Umweltbegegnung

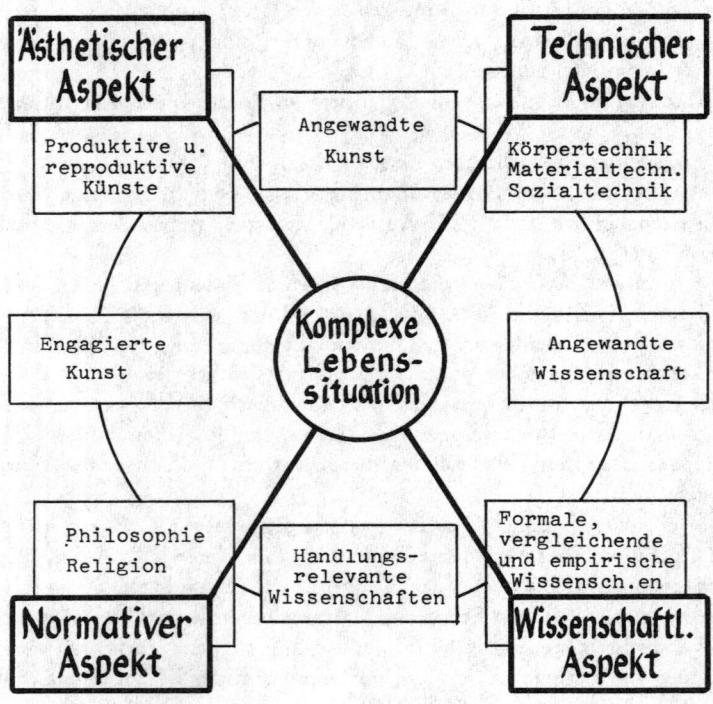

## Dimensionen des Lerninhaltes

Die Analyse des Lerninhaltes (Lernstoffes) wird man zunächst den Unterrichtsfächern als genuine Aufgabe zuzuschreiben geneigt sein. Doch zeigt sich, daß der in den Stundentafeln repräsentierte Fächerkanon mehr ein amorphes Konglomerat ist, als ein strukturiertes oder strukturierbares Ordnungsgefüge. Seine einzige Logik ist die Chrono-Logik: Er ist, wie auch der Kanon der akademischen Disziplinen historisch entstanden und auch nur so zu verstehen. Mannigfaltige Versuche – auch in der Didaktik –, die Disziplinen zu klassifizieren, haben nur zu pragmatischen Ordnungen geführt (Frey 1971, Diener u. a. 1978).

Um dennoch die je eigenen Zugangsweisen der Fächer zur Wirklichkeit herausschälen zu können, muß man außer und vor ihren spezifischen Gegenständen und Methoden auch die grundlegenden Aspekte betrachten, unter denen sie sich der Umwelt nähern. Das abendländische Paradigma unterscheidet vier nicht weiter rückführbare Aspekte der Umweltbegegnung, den *ästhetischen*, den *technischen*, den *wissenschaftlichen* und den *normativen* Aspekt. Dabei ist unter »technisch« nicht nur der Zweck-Mittel-Gesichtspunkt im Umgang mit Material zu verstehen, sondern auch im körperlichen (Sport) und im sozialen Bereich (Sprech-, Verhandlungs-, Verkaufstechnik, Technik des politischen Handelns); denn auch hier geht es um lediglich zweckorientiertes Tun, um das »Machbare«, das nicht ästhetischen, ethischen oder wissenschaftlichen Kategorien untergeordnet werden kann.

Die genannten vier Aspekte zeigen eigentümliche Verwandtschaften (je zwei benachbarte in der Grafik haben Gemeinsamkeiten), aus denen Zwischenformen oder Synergismen entstehen: In der *Angewandten Kunst* (Kunstsport, Kunsthandwerk, Design, Architektur, Landschaftsgestaltung) müssen ästhetische und technische Gesichtspunkte zu einer kompromißhaften Synthese finden. In der *Angewandten Wissenschaft* (Technologie, Medizin) wird praktisches Handeln von wissenschaftlicher Grundlagenforschung geleitet. Die handlungsrelevanten *Kultur- und Gesellschaftswissenschaften* (Rechts-, Wirtschafts-, Politik-, Kunst-, Kommunikations-, Sprach-, Erziehungswissenschaft) müssen nach empirisch fundierter Theoriebildung zu Wertentscheidungen kommen. *Engagierte Kunst* kann sich in den Dienst politischer, philosophischer oder religiöser Ideen stellen.

Bereits diese Aspektanalyse könnte den Unterrichtsfächern für die Umschreibung ihrer eigentlichen Aufgaben Hilfestellung geben und so den Inhaltsteil von Lernzielen näher bestimmen. Erst nach der Dimensionierung kann der Versuch unternommen werden, fachspezifisch zu strukturieren und zu hierarchisieren.

Erkenntnisinteresse der Realwissenschaften

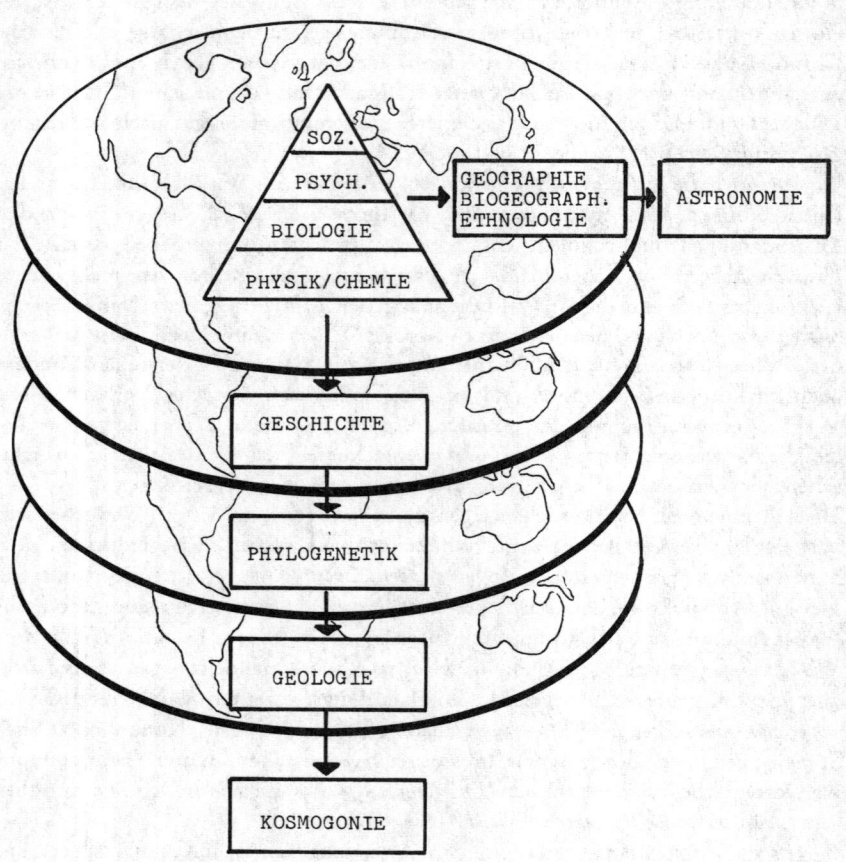

# Die Einteilung der Wissenschaften

Eine dominierende Stellung im schulischen Fächerkanon nehmen die Wissenschaften ein. Man mag das Übergewicht der theoretischen Fächer mit Joseph J. SCHWAB (in Ford/Pugno 1972, S. 40) bedauern. Zu bedenken ist aber, daß der Mensch biologisch gesehen mit einem entsprechenden zentralnervösen Verarbeitungsapparat und zugeordneten Motivationssystemen ausgestattet ist und in der distanzierten Reflexion seine große Überlebenschance besitzt. Außerdem erweitert sich mit steigendem Abstraktionsgrad der Anwendungsbereich etwa im Hinblick auf noch unbekannte Zukunftsaufgaben.

Bei den *Realwissenschaften* haben wir nomothetische, universelle Gesetze aufstellende und idiografische, das Eigentümliche beschreibende zu unterscheiden. Die *nomothetischen* oder *empirischen* Wissenschaften ordnet man seit Auguste COMTE (Cours de philosophie positive 1842) nach dem Komplexitätsgrad der untersuchten Systeme unter der unbeweisbaren Annahme, eine lückenlose Rückführung auf jeweils einfachere Systeme sei möglich (Reduktionismus). Ob die Mathematik an der Basis der Comteschen Pyramide steht, Qualität also auf Quantität rückführbar ist, kann noch nicht entschieden werden, so daß die Mathematik vorläufig nicht »Königin« der Realwissenschaften, sondern als *Formalwissenschaft* deren »Dienerin« ist.

Da Eigentümlichkeiten nur durch Vergleich erkennbar werden, nennt man die *idiografischen* Wissenschaften auch »vergleichende«. Der Vergleich geht nach den reinen Anschauungsformen Raum und Zeit in zwei Stoßrichtungen: Geomorphologie, Biogeografie und Ethnologie vergleichen je nach untersuchten Systemen räumlich, die historischen Wissenschaften (Geologie, Phylogenetik und Humangeschichte) zeitlich, wobei eine Verlängerung über den irdischen Lebensraum hinaus nur folgerichtig ist (Astronomie, Kosmogonie).

Die aus dem Zeitalter des Enzyklopädismus stammende Überrepräsentation der Realwissenschaften (sogar ohne Psychologie und Soziologie) ist in unserer Zeit nicht mehr angemessen. Um völlige Ausfälle auf Gebieten wie Jurisprudenz, Ökonomie, Pädagogik, Kommunikations- und Politikwissenschaften zu vermeiden, müssen außer der Sozialkunde und der Arbeitslehre auch die übrigen Unterrichtsfächer stärker gesellschafts- und kulturwissenschaftliche Belange mitvertreten.

Vgl. vom Verfasser:
Welt verstehen – Welt verändern. Vom Sinn der Schulfächer, Neue Deutsche Schule/ Essen 1986
Der schulische Fächerkanon – eine heilige Kuh? in: Seibert und Serve (Hg.), Bildung und Erziehung an der Schwelle zum dritten Jahrtausend, PimS-Verlag/München 1994

Die Grundstruktur der Klassischen Mechanik

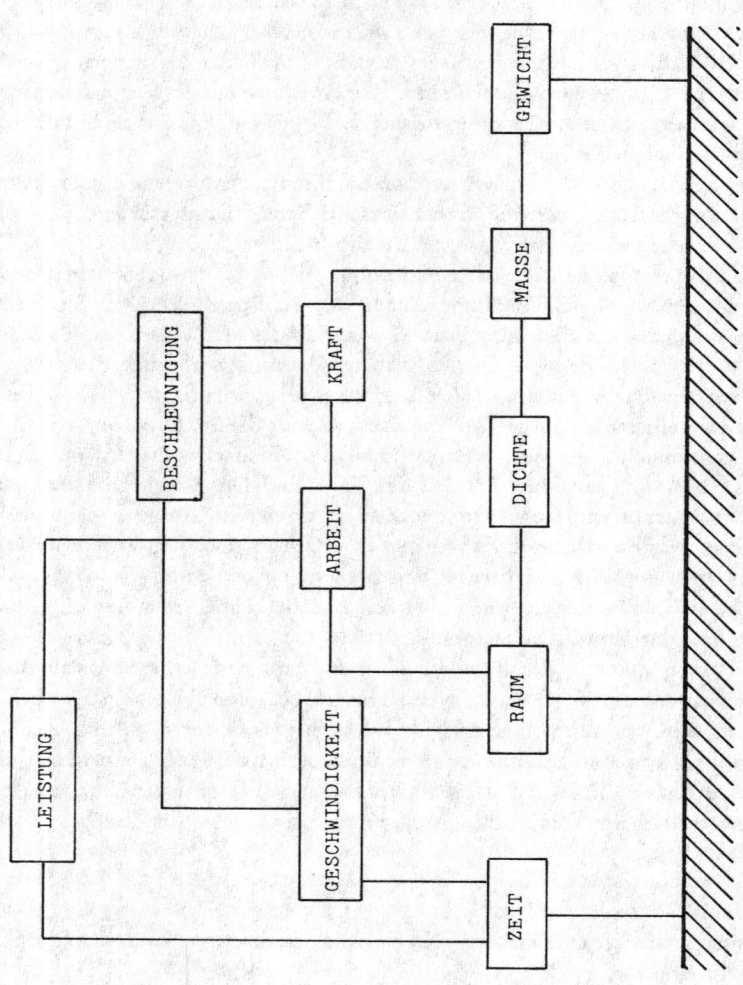

Im Rahmen der Curriculumforschung, vor allem aber auch im Anschluß an die Bücher von Jerome S. BRUNER, zeigte sich immer deutlicher die Notwendigkeit der Frage nach der Struktur des Wissens überhaupt, der einzelnen Wissenschaften und einzelnen Fächer sowie dem Verhältnis der einzelnen wissenschaftlichen Disziplinen zu den Schulfächern.

Wie Joseph J. SCHWAB (in Ford/Pugno 1972) herausgearbeitet hat, sind nicht die Forschungsgegenstände irgendwie strukturiert, sondern unser Wissen über sie, das sich durch spezifische Methoden (= *Syntax*) und Theorien (= *Grundstruktur*) Zugänge zur Wirklichkeit verschafft. Eine Kenntnis dieser je eigenen Zugänge müßte im Sinne des Exemplarischen Prinzips auch zu einer Straffung der Stoffpläne und zu gezieltem Einsatz von Unterrichtsmethoden verhelfen.

Ein praktikabler Weg, die Grundstruktur eines Faches oder Teilgebietes ausfindig zu machen, ist, seine Grundbegriffe zu sammeln und in einen definitorischen Zusammenhang zu einander zu bringen So schälte etwa Graham C. WILSON (in Ford/Pugno 1972) aus dem Bereich der Literatur »Thema«, »Allegorie« und »Metaphorik« als universelle Teile heraus.

Einen sehr klaren strukturellen Zusammenhang zeigt auch die klassische Mechanik: Hier sind alle Begriffe definitorisch miteinander verbunden (= implizite Definition), »sie stützen sich gegenseitig« (Kamlah/Lorenzen); an einzelnen Stellen (Zeit, Raum, Gewicht) ist dieses theoretische Gerüst aber mit dem »Boden« der Wirklichkeit verbunden (explizite Definition) und wird durch diese »Interpretationsanker« (Wolfgang Stegmüller) auch empirisch gedeutet.

Dieses Strukturkonzept gibt den Ausführungen KLAFKIS in seiner →Didaktischen Analyse eine wissenschaftstheoretische Basis und dem Didaktiker ein handliches Werkzeug bei der stofflichen Analyse. Im Unterricht selbst dürfte der Ausgang von Strukturen einen klaren methodischen Vorzug vor einem addierenden Mosaikverfahren besitzen. Klar muß allerdings werden, daß Strukturen nicht dem Gegenstand anhaften, sondern Mittel unseres Denkens sind, die permanent auf ihre Tauglichkeit und ideologische Bedingtheiten hin befragt werden müssen.

Auch die Wissenschaftsgeschichte zeigt nach KUHN (1962), daß kein linear-kumulativer Entwicklungsgang vorliegt. Vielmehr lösen sich die Paradigmen der Forschung (leitenden Theorien) in Umwälzungen revolutionären Charakters ab. Auch das Nebeneinander konkurrierender Theorien erweist sich als durchaus legitim. Für den Lehrplan ergibt sich daraus nach SCHWAB (in: Ford/Pugno 1972) ein revisionärer, pluralistischer Grundzug.

Die Curriculumspirale/Grundmodell

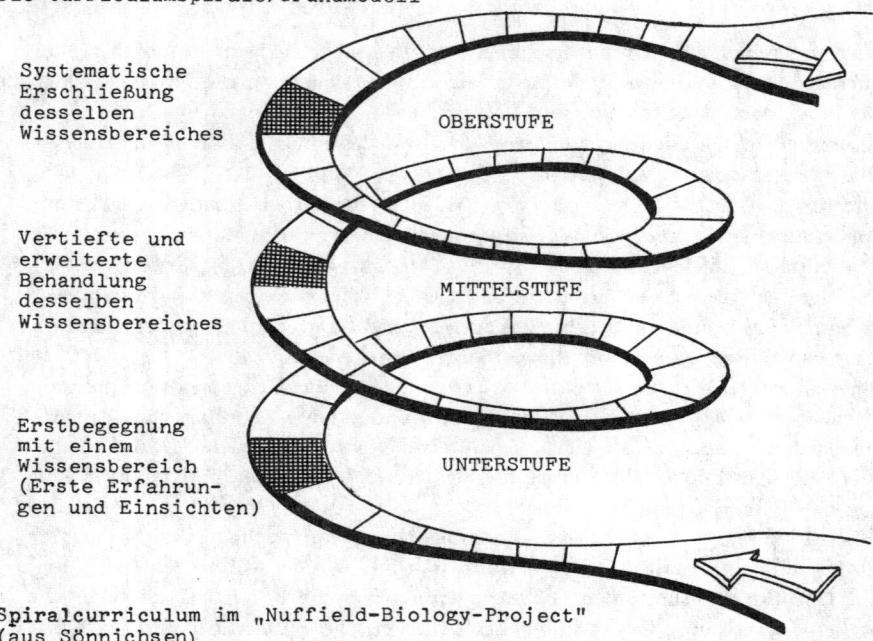

Systematische
Erschließung
desselben
Wissensbereiches

**OBERSTUFE**

Vertiefte und
erweiterte
Behandlung
desselben
Wissensbereiches

**MITTELSTUFE**

Erstbegegnung
mit einem
Wissensbereich
(Erste Erfahrun-
gen und Einsichten)

**UNTERSTUFE**

Spiralcurriculum im „Nuffield-Biology-Project"
(aus Sönnichsen)

Einheit und Vielfalt
Genetische Kontinuität
Evolution

Entwicklung
(Ontogenese)

$O_3$ $O_4$
$M_3$ $M_4$
$U_1$ $U_2$
$U_3$
$M_2$ $M_1$
$O_2$ $O_1$

18 17 16 15 14 13 12 12 13 14 15 16 17 18

Komplementarität von
Organismus und Umwelt
Verhalten

Komplementarität von
Struktur und Funktion
Regulation

I. *Komplementarität von Struktur und
Funktion, Regulation*
$U_3$ Formen und Bewegung
$M_1$ Aufrechterhaltung des Lebens
$O_1$ Die Erhaltung des Organismus

II. *Komplementarität von Organismus und
Umwelt, Verhalten*
$M_2$ Lebewesen in Aktion
$O_2$ Der Organismus im Verhältnis zu
seiner Umwelt

III. *Genetische (Dis-)Kontinuität, Evolution,
Einheit und Vielfalt*
$U_1$ Vielfalt des Lebens – Zellen als Einheit
$M_3$ Wie entstehen Gleichheiten und
Unterschiede?
$O_3$ Variation, Vererbung und Populationen

IV. *Entwicklung (Ontogenese)*
$U_2$ Fortpflanzung, Entwicklung, Wachstum
$M_4$ Entwicklungsmuster
$O_4$ Der Organismus in der Entwicklung

12 - 13 Unterstufenkurs
14 - 16 Mittelstufenkurs (O-Level-Abschluß)
17 - 18 Oberstufenkurs (A-Level-Abschluß)
$M_1$ Thematische Einheit, Teilpensum

## Curriculumspirale und Spiralcurriculum

Die Struktur-Diskussion hat im Bereich der Curriculumforschung zu der Vermutung geführt, daß die Grundstruktur eines Gegenstandsbereiches (besser: unseres Wissens über einen Gegenstandsbereich) Schülern der verschiedensten Altersstufen zugänglich sein müßten. So stellt etwa BRUNER (1970) die These auf: »Jedem Kind kann auf jeder Entwicklungsstufe jeder Lehrgegenstand in einer intellektuell ehrlichen Form erfolgreich gelehrt werden«. Somit könnte der Ausgang von Strukturen unseres Wissens auch ein Gliederungsprinzip bei der Lehrplanerstellung sein.

Dabei wurde der alte Gedanke einer Lehrgangsgestaltung in »konzentrischen Kreisen« wieder lebendig, wie ihn schon Jan Amos COMENIUS in seiner »Großen Didaktik« (Kap. XIV) gefordert hatte und wie er immer wieder in der Geschichte der Pädagogik lebendig wurde (z. B. Friedrich Wilhelm DÖRPFELD, Schriften zur Theorie des Lehrplanes, 1894–1901). Hier wie in der zwei- oder dreidimensionalen Spiralform (nach Hilda Taba, Curriculum Development, New York 1962) geht es darum, in mehrmaligem Durchgang die zentralen Schlüsselbegriffe und fundamentalen Prinzipien einer Fachstruktur auf den einzelnen Stufen mit unterschiedlicher Intensität und steigendem Abstraktionsniveau wiederaufzugreifen.

Beispiele für solche Spiralcurricula gibt es im »Nuffield-Biology-Project« und im »Integrierten Curriculum Naturwissenschaft der Sekundarstufe I des IPN. (In solchen und ähnlichen Modellen wird eine Brücke geschlagen zwischen dem schritt- und stufenweisen Vorgehen (sog. Gradatim-Prinzip) und dem Vorgehen nach dem Prinzip ideenmäßiger und stofflicher Konzentration.

Das spiralige Vorgehen hat folgende Vorteile:

1. Die Behandlung wichtiger Stoffe kann schon auf einer niedrigen Lernstufe begonnen werden, wenn dies nur »ausstattungsweise« und einer späteren Präzisierung offen geschehen kann.

2. Wenn basale Lerninhalte immer wieder erscheinen, ergibt sich nach dem Prinzip der immanenten Wiederholung ein erhöhter Behaltenseffekt.

3. Die Verknüpfung mit stets neuen Zusammenhängen sorgt für mannigfaltige Querverbindungen, die nicht nur eine stärkere Verankerung im Gedächtnis, sondern auch vertieftes Verständnis zur Folge haben.

POSTMAN & WEINGARTNER haben an dem Spiral- und Stufengedanken heftige Kritik geübt (»Leider sind die Schüler ebenso wenig spiralig wie stufig organisiert« S. 55) und betonen damit nochmals, daß man beim Unterricht niemals den Adressaten vergessen darf und daß »Struktur« nicht naiv-positivistisch als der Natur selbst zu eigen gedacht werden kann, sondern lediglich in der Betrachtungsweise eines Beobachters und in dessen Befragungsmethoden liegt.

Didaktische Transformation

1. Beispiel: Die Bahn der Erde

| Die Erde dreht sich um die Sonne | Die Erdbahn ist eine Ellipse mit der Sonne in einem Brennpunkt. | Die beiden Brennpunkte liegen sehr eng beisammen. | Der Radius-vektor über-streicht in gleichen Zei-ten gleiche Flächen. | Die Sonne selbst bewegt sich mit der Erde vom Zentrum unseres Milchstraßensys-tems weg. |
|---|---|---|---|---|
| 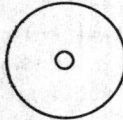 |  | 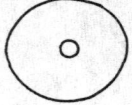 | 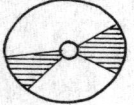 | 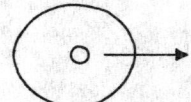 |
| ABER: Die Erdbahn ist kein Kreis! | ABER: Die Ellipse ist nicht langge-streckt! | ABER: Die Erde bewegt sich nicht gleichmäßig schnell! | ABER: Das ganze System ruht nicht! | ALSO: Die Erdbahn läßt sich nicht völlig exakt bestimmen! |

2. Beispiel: Der Hörvorgang

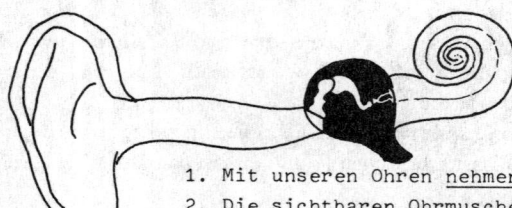

1. Mit unseren Ohren nehmen wir den Schall wahr.

2. Die sichtbaren Ohrmuscheln helfen nur, den Schall aufzufangen. Das eigentliche Gehör-organ sitzt im Inneren des Kopfes.

3. Drei kleine Knöchelchen - Hammer, Amboß und Steigbügel - leiten den Schall vom Trommel-fell zum Innenohr weiter.

4. Hammer, Amboß und Steigbügel verstärken auch den Schall, da die Flüssigkeit im Innenohr ein relativ träges Medium ist.

5. Neben den Gehörknöchelchen verstärken auch der Bau des Gehörganges (Orgelpfeifenprinzip) und die unterschiedliche Größe von Rundem und Ovalem Fenster den Schall.

# Didaktische Transformation

Die Behauptung Jerome S. BRUNERS, man könnte die Grundstruktur jedes Gegenstandsbereiches prinzipiell jedem Kind auf jeder Altersstufe vermitteln, scheint den Gedanken einer didaktischen *Transformation* zu stützen, in der ein Inhalt durch eine altersbezogene Darstellung faßbar wird. Nach all dem über das Wesen der Struktur Gesagten ist dies nicht möglich. Es gibt keinen sog. Unterrichtsstoff, der von der Form seiner Vermittlung getrennt werden könnte, oder – in einem provozierenden Aphorismus von MCLUHAN – »The medium is the message« (das Medium ist die Botschaft). Die Botschaft (Stoff, Inhalt, Gegenstand, Ding) existiert nicht unabhängig von dem Übertragungsmedium. Vielmehr entsteht der Gegenstand erst im Akte der Darstellung.

Nehmen wir an, in einer Klasse werde zur Durchbrechung des naiven Weltbildes des Grundschülers der Satz ausgesprochen: Die Erde kreist um die Sonne. Dann ist damit nicht eine wissenschaftliche Erkenntnis in kindertümlicher Form ausgedrückt, sondern lediglich die Vorstellung vermittelt, daß die Erde eine Kreisbahn um die Sonne beschreibe. Das ist aber schlichtweg falsch und muß daher später – nicht etwa vertieft, sondern: – berichtigt werden, durch eine Formulierung etwa wie: Die Erdbahn ist eine Ellipse. Da aber hier – genährt durch die übertreibenden Zeichnungen unseren Atlanten – die Vorstellung von einer sehr langgestreckten Ellipse entsteht, muß weiter gezeigt werden, daß die beiden Brennpunkte nach kosmischen Maßstäben gar nicht so weit voneinander entfernt sind (so daß sich die Ellipse wiederum der Kreisform nähert). Führt man diesen Versuch einer immer exakten werdenden Darstellung konsequent fort, so zeigt sich, daß man a) jedesmal eine andere »Sache« dargestellt hat und b) die »Sache selbst« niemals ganz erreicht: Selbst der Computerspezialist im Kontrollzentrum von Houston würde daher auf generalisierende Aussagen über die »wirkliche« Erdbahn verzichten und sich mit Prognosen akzeptabler Toleranz über die Stellung der Erde zu einem bestimmten Zeitpunkt relativ zum Mond begnügen.

Für die Unterrichtspraxis ergibt sich aus diesen Überlegungen, daß wir bei der Wahl der Darstellungsebene immer von einem konkreten Ziel ausgehen müssen und dann sogar vom »Sonnenaufgang 6.20 Uhr« sprechen dürfen, obwohl das einen Rückfall ins Ptolemäische Zeitalter bedeutete (vgl. Memmert 1978!).

Die hier zutage tretende Spannung zwischen den Unterrichtsgrundsätzen der Kindgemäßheit und der Wissenschaftsorientierung läßt sich nur für eine bestimmte Lernaufgabe durch eine didaktische Entscheidung auflösen, wie es das übergeordnete Prinzip der »*optimalen Passung*« (Heckhausen) fordert.

Die Forschungsmethode bestimmt den Forschungsgegenstand

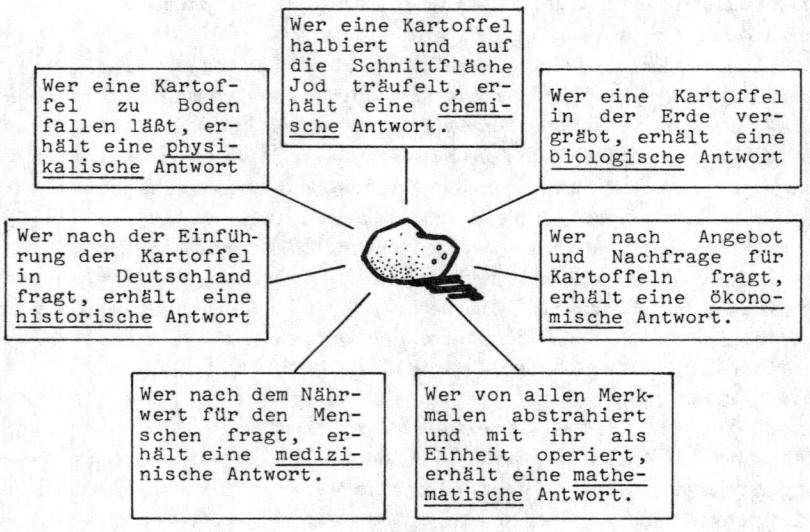

Wer eine Kartoffel halbiert und auf die Schnittfläche Jod träufelt, erhält eine chemische Antwort.

Wer eine Kartoffel zu Boden fallen läßt, erhält eine physikalische Antwort

Wer eine Kartoffel in der Erde vergräbt, erhält eine biologische Antwort

Wer nach der Einführung der Kartoffel in Deutschland fragt, erhält eine historische Antwort

Wer nach Angebot und Nachfrage für Kartoffeln fragt, erhält eine ökonomische Antwort.

Wer nach dem Nährwert für den Menschen fragt, erhält eine medizinische Antwort.

Wer von allen Merkmalen abstrahiert und mit ihr als Einheit operiert, erhält eine mathematische Antwort.

Die Unterrichtsmethode bestimmt den Unterrichtsgegenstand

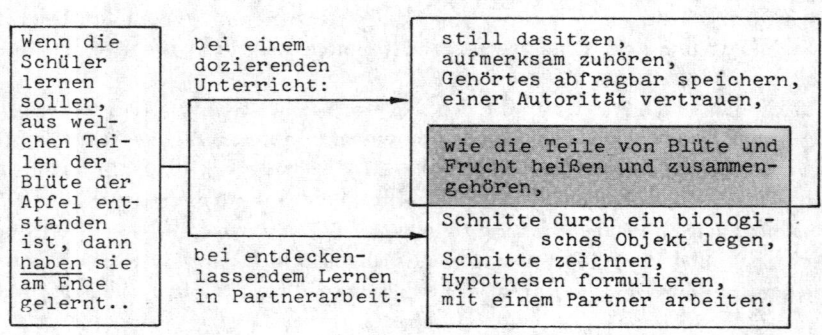

Wenn die Schüler lernen sollen, aus welchen Teilen der Blüte der Apfel entstanden ist, dann haben sie am Ende gelernt..

bei einem dozierenden Unterricht:

still dasitzen, aufmerksam zuhören, Gehörtes abfragbar speichern, einer Autorität vertrauen,

wie die Teile von Blüte und Frucht heißen und zusammengehören,

Schnitte durch ein biologisches Objekt legen, Schnitte zeichnen, Hypothesen formulieren, mit einem Partner arbeiten.

bei entdeckenlassendem Lernen in Partnerarbeit:

# Die Stoff-Methoden-Verschränkung

Mit der Neufassung des Strukturbegriffes muß auch die alte, aber immergrüne These vom »Primat der Didaktik über die Methodik« neu überdacht werden (Wolfgang Klafki → Didaktische Analyse).

Was zunächst die *Forschungsmethoden* betrifft, so haben wir schon verschiedentlich darauf hingewiesen, daß sie uns erst einen bestimmten Aspekt der Welt erschließen und so den Forschungsgegenstand aus einer uns diffus gegebenen Wirklichkeit herausheben. Das nebenstehende Beispiel könnte noch um weitere Sichtweisen (sprachliche, ästhetische) ergänzt werden, und immer würde sich der nahezu umgekehrte Sachverhalt ergeben: der Primat der Methode über den Gegenstand.

Das Gleiche läßt sich für die *Unterrichtsmethode* zeigen. Nur wenn man eine sehr primitive, anspruchslose Form der Kontrolle wählt, kann man eine Indifferenz oder Gleichwertigkeit von Methoden behaupten (Dubin/Taveggia, in: Menck/Thoma 1972). Wer etwa abfragen will, wie die Teile einer Apfelblüte heißen, für den ist es tatsächlich gleichgültig, ob er die betreffenden Wörter an die Tafel schreibt, aus dem Lexikon heraussuchen läßt, in ein Merkverschen kleidet oder einprügelt. Aber jede Methode hat Nebenwirkungen, die angesichts der mageren Prüfungsanforderungen zur eigentlichen Hauptwirkung werden. Darauf baut u. a. das Konzept des »heimlichen Lehrplans« (hidden curriculum) auf (Zinnecker 1975). Nebenstehendes Beispiel zeigt, was außer dem offiziellen Lernziel bei einem rezeptiven und einem selbsttätigen Unterricht tatsächlich gelernt wurde: Vom Ergebnis her betrachtet ist das nicht mehr der gleiche »Stoff« der Stunde, sondern: Die Methode hat den Gegenstand »konstituiert« (Kaiser, in: Menck/Thoma 1972).

Statt der These vom Primat der Didaktik (als der Reflexion über das Was des Unterrichts) über die Methodik (als der Reflexion über das Wie des Unterrichts) muß man daher eher an ein Zusammenfallen (Stoff-Methoden-Koinzidenz), an gegenseitige Abhängigkeit (Stoff-Methoden-Interdependenz) oder ein sich gegenseitig Miteinschließen (Implikationszusammenhang) denken (→ Lerntheoretische Didaktik).

Für die Unterrichtsvorbereitung ergibt sich aus der Verschränktheit von Stoff und Methode die Forderung nach steter Rückkopplung. Wird eine bestimmte Sozialform gewählt oder ein bestimmtes Medium eingesetzt, so ändert sich damit auch das ursprüngliche Lernziel. Auch die Anordnung der einzelnen Lernschritte (Artikulation) setzt jeweils verschiedene psychologische Prozesse auf seiten des Schülers in Gang und führt so zu anderen als in den Zielen antizipierten Lernergebnissen.

Die Bereiche der Unterrichtsmethodik

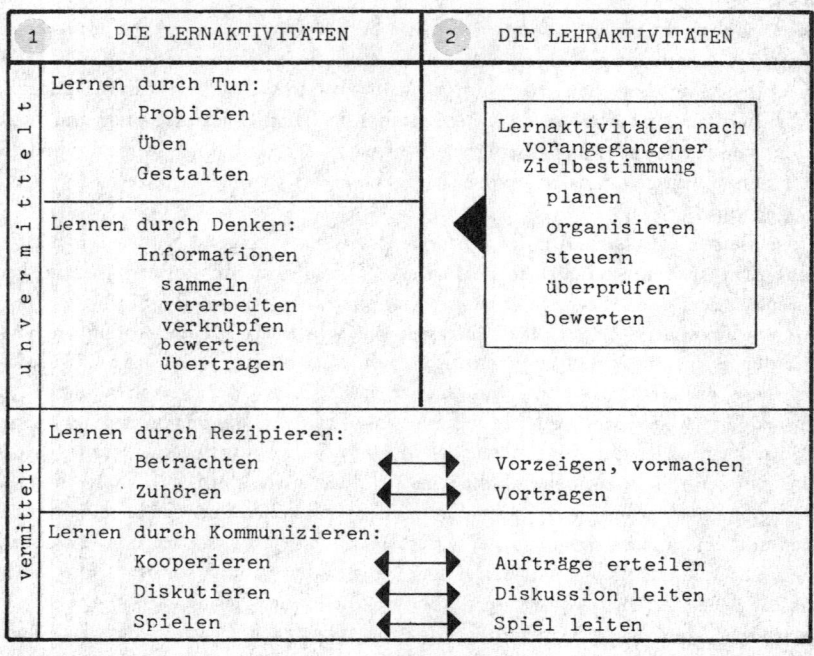

| 1 DIE LERNAKTIVITÄTEN | 2 DIE LEHRAKTIVITÄTEN |
|---|---|
| **unvermittelt** — Lernen durch Tun: <br>     Probieren <br>     Üben <br>     Gestalten <br><br> Lernen durch Denken: <br>     Informationen <br>       sammeln <br>       verarbeiten <br>       verknüpfen <br>       bewerten <br>       übertragen | Lernaktivitäten nach vorangegangener Zielbestimmung <br>     planen <br>     organisieren <br>     steuern <br>     überprüfen <br>     bewerten |
| **vermittelt** — Lernen durch Rezipieren: <br>     Betrachten <br>     Zuhören <br><br> Lernen durch Kommunizieren: <br>     Kooperieren <br>     Diskutieren <br>     Spielen | Vorzeigen, vormachen <br> Vortragen <br><br> Aufträge erteilen <br> Diskussion leiten <br> Spiel leiten |

| 3 Die Verteilung der Lehr- und Lernaktivitäten <br> (DIE SOZIALFORM) |
|---|

| 4 Die zeitliche Abfolge der Lehr- und Lernaktivitäten <br> (DIE ARTIKULATION) |
|---|

| 5 Die materiellen Voraussetzungen des Lehrens und Lernens <br> (DIE MEDIEN) |
|---|

## Die Bereiche der Unterrichtsmethodik

Das Unterrichtsgeschehen wurde und wird vielfach polarisiert betrachtet und entsprechend beschrieben: Es gibt den Lehrer, der mittels spezifischer Techniken lehrt, und den Schüler, der diese Belehrung annimmt. Dieser Ansatz führt zu inhaltlichen Widersprüchen und terminologischen Schwierigkeiten; denn solche Fähigkeiten wie Vortragen, Erklären, Fragen, Bewerten, Überprüfen etc. müssen auch auf die Schülerseite zu buchen sein. Deshalb erweist sich eine strenge Rollentrennung als weder erwünscht noch den Gegebenheiten entsprechend. Außerdem enthebt ein verstärkter Medieneinsatz den Lehrer mancher traditioneller Aufgabe.

Nach heutigem Verständnis ist der Lehrer *Organisator von Lernprozessen,* der sich nur gelegentlich selbst als Unterrichtsmittel einsetzt (d. h. statt eines Lexikons selbst ein Wort erklärt, statt eines Filmes erzählt etc.). Im Mittelpunkt dieser Auffassung steht dann der Schüler, von dem angenommen wird, daß er mit natürlicher Lernfähigkeit und -bereitschaft ausgestattet ist. Nach den Formen dieses Lernens ist daher an erster Stelle zu fragen.

Hauptaufgabe des Lehrers wäre dann, Lernziele im Einklang mit dem amtlichen Lehrplan zu bestimmen und Lernsituationen zu schaffen (planen, organisieren, steuern, überprüfen, bewerten). Er ermöglicht dabei dem Schüler einen un-vermittelten, direkten Zugang zum Lerngegenstand, sei er nun real (Lernen durch Tun) oder gedanklich (Lernen durch Denken).

Was er sozusagen bei Bedarf noch übernehmen könnte, wären *Medienfunktion* (vorzeigen, vormachen, vortragen) und *Kommunikation ermöglichende Leistungen* (Aufträge erteilen, Gesprächsführung, Regie, Schiedsrichterfunktion). Aber auch diese Lehrtätigkeiten könnten, besonders in höheren Klassen, auch durch Schüler ausgeführt werden (Schülerreferat, Schülerdemonstration, Diskussionsleitung durch den Schüler).

Nach Bestimmung der möglichen Lernaktivitäten und der noch notwendigen Lehraktivitäten ergibt sich deren Verteilung (*Sozialform*) und unter Einbeziehung des Faktors »Zeit« deren Abfolge (*Artikulation*). Obwohl der *Einsatz von Medien* schon durch die Lern- und Lehraktivitäten festgelegt wurde, kann er als 5. Bereich der Methodik ausgegliedert werden.

Noch offen muß die Frage bleiben, ob auch die Unterrichtskontrolle als ein 6. Bereich zu den Methoden des Unterrichts zählt. Nach ASCHERSLEBEN (1974) ist die Diagnose des Lernerfolgs als eigenständige schulpädagogische oder auch didaktische Maßnahme anzusehen, die von methodischen Fragen ebenso abzutrennen ist wie die vorgängige Aufstellung von Lernzielen.

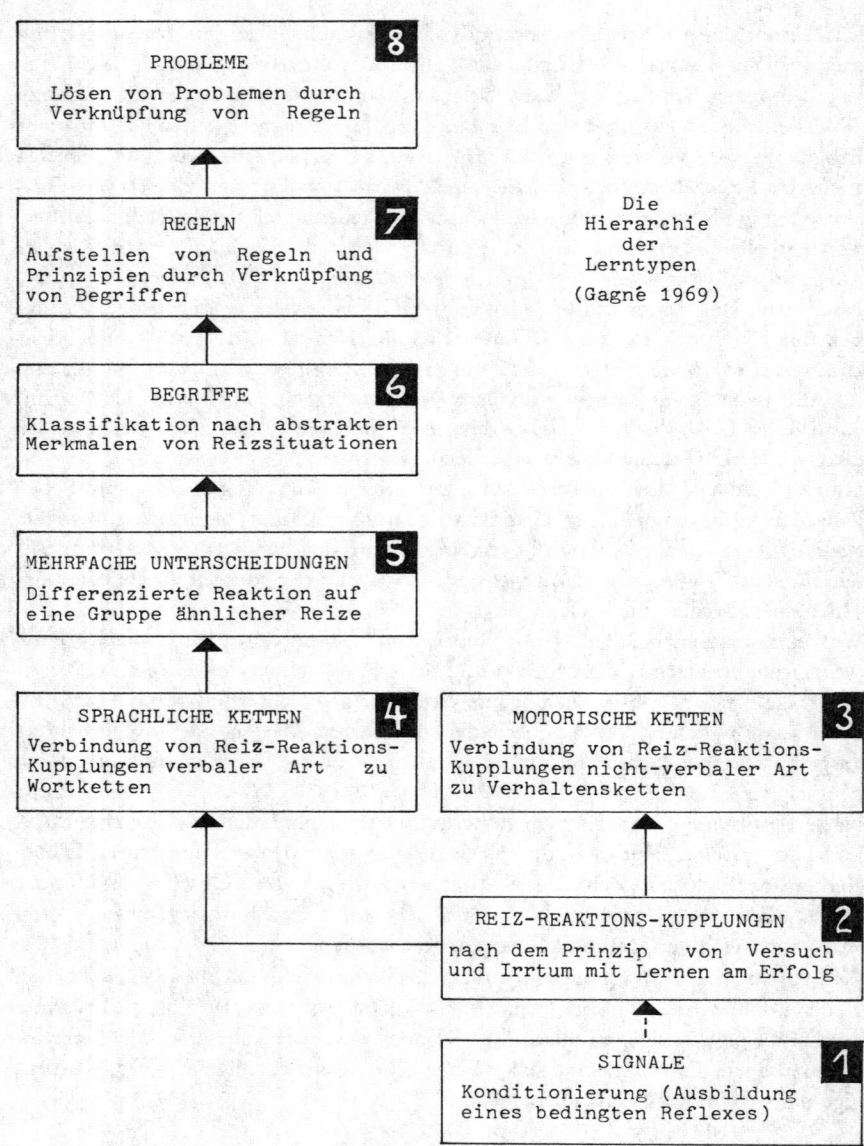

PROBLEME **8**

Lösen von Problemen durch Verknüpfung von Regeln

REGELN **7**

Aufstellen von Regeln und Prinzipien durch Verknüpfung von Begriffen

BEGRIFFE **6**

Klassifikation nach abstrakten Merkmalen von Reizsituationen

MEHRFACHE UNTERSCHEIDUNGEN **5**

Differenzierte Reaktion auf eine Gruppe ähnlicher Reize

SPRACHLICHE KETTEN **4**

Verbindung von Reiz-Reaktions-Kupplungen verbaler Art zu Wortketten

MOTORISCHE KETTEN **3**

Verbindung von Reiz-Reaktions-Kupplungen nicht-verbaler Art zu Verhaltensketten

REIZ-REAKTIONS-KUPPLUNGEN **2**

nach dem Prinzip von Versuch und Irrtum mit Lernen am Erfolg

SIGNALE **1**

Konditionierung (Ausbildung eines bedingten Reflexes)

Die
Hierarchie
der
Lerntypen

(Gagné 1969)

## Lerntypen nach Gagné

Zur Beschreibung der unterrichtsrelevanten Lernaktivitäten wird man zunächst auf die Ergebnisse der Lernpsychologie zurückgreifen. Die verschiedenen dort aufgestellten Lerntheorien hat Robert M. GAGNÉ zu vereinen versucht. Seine acht Typen von Lernprozessen stehen in einer hierarchischen Reihenfolge: der höhere Typ setzt jeweils den niedereren voraus. Der erste Typ, das *Signallernen,* hat für die Schule kaum Bedeutung; außerdem ist noch nicht sicher erwiesen, ob er tatsächlich eine Voraussetzung für die übrigen Typen ist. An Beispielen werden des weiteren genannt:

2. *Reiz-Reaktionskupplungen:* Probieren mit Lernen am Erfolg gibt es beim Sport, beim Lesen und Schreiben einzelner Wörter, beim Gerätebedienen, beim Werken u. ö.

3. *Verhaltensketten* werden beim An- und Auskleiden, beim Schwimmen, beim Schreibmaschineschreiben oder beim Fahrradfahren gebildet.

4. *Sprachliche Assoziationen* entstehen beim Verbinden von Wörtern zu Sätzen und Satzreihen, beim Gedichtlernen, beim Aufsagen von Zahlenfolgen oder beim Lernen fremdsprachlicher Vokabeln.

5. In der *»multiblen Diskrimination«* (Mehrfache Unterscheidungen) werden ähnliche Objekte wie Autotypen, Pflanzen, Tiere etc. differenzierter behandelt und genauer unterschieden.

6. *Begriffe* entstehen durch Abstraktion von zufälligen zu gunsten gleicher oder wesentlicher Merkmale. Nicht nur Substantive (Lokomotive, Dreieck, Indianer) gehören hierzu, sondern auch Verben, Adjektive oder Adverbien.

7. Einzelne Begriffe werden zu *Regeln* verknüpft (»Runde Dinge rollen«)

8. Einzelne Regeln dienen zur Lösung von *Problemen.*

Diese Lerntypenlehre verhilft zunächst zu einer Integration verschiedener Ansätze und Theorien und schafft ein grundlegendes Verständnis für die psychologisch faßbaren Lernvorgänge. Es ist jedoch festzustellen, daß sie nur für den kognitiven und psychomotorischen Bereich gilt, d. h. auf affektive Lernvorgänge nur unbefriedigend anwendbar ist. Zudem konnte die Theorie des »Lernens am Modell« nicht eingebaut werden. Endlich müssen wir in schulischen Lernsituationen in der Regel mit einem komplexen Ineinanderwirken zahlreicher Faktoren rechnen, die das Modell von GAGNÉ nicht berücksichtigt, bzw. berücksichtigen kann: Abhängigkeit von den Lerngegenständen, schichtenspezifische Unterschiede, Transferwirkung, Kreativität etc. Es könnte daher die Aufgabe der Didaktik sein, »einheimische« Lerntheorien zu entwickeln, wie wir es in Ansätzen etwa bei David P. AUSUBEL finden (Psychologie des Unterrichts, 2 Bände, Beltz/Weinheim 1974).

Modell des Lernens in der Schule (De Corte u.a. 1975)

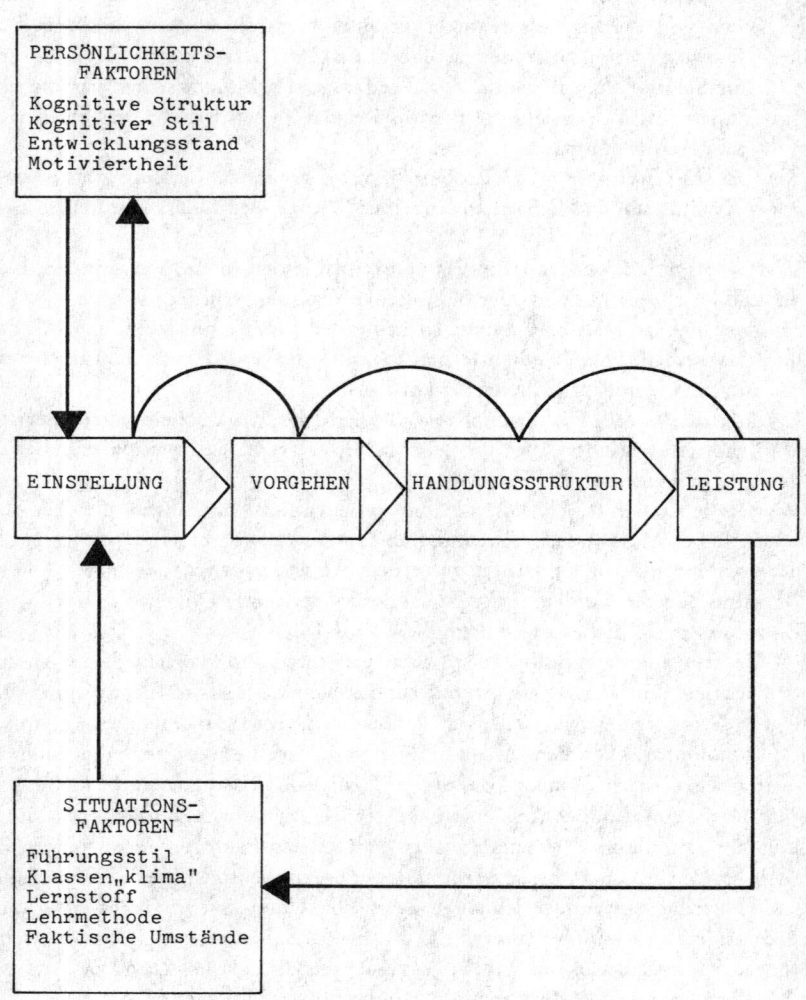

Die Schulfremdheit der psychologischen Lerntheorien hat besonders im niederländischen Sprachgebiet zu Alternativentwürfen geführt, die nicht so sehr auf
die innerpsychischen Vorgänge abheben, sondern die Bedingungen und Variablen
herausstellen, die den Lernprozeß beeinflussen.
Im Anschluß an Arbeiten von Carel F. van PARREREN und P. SPAN haben Erik
de CORTE und Mitarbeiter ein Modell des Lernens in der Schule erstellt, das
interne und externe Faktoren unterscheidet:
*Persönlichkeitsfaktoren* sind: Kognitive Struktur und kognitiver Entwicklungs-
stand, konitiver Stil (= grundlegende Denkweise) und Motivation.
*Situationsfaktoren* sind: Sozialpsychologische Faktoren (wie Schüler-Schüler-
und Schüler-Lehrer-Verhältnis, Klassen«klima«), didaktische Faktoren (Lern-
stoff, Methoden) und faktische Umstände (wie Ausstattung des Klassenraums,
Wetter, besondere Vorkommnisse).
Diese beiden Faktorengruppen beeinflussen zunächst die *Einstellung* des Schü-
lers, d. h. seine Haltung der Aufgabe gegenüber, seine Erwartungen und seine
Motiviertheit.
Einstellung ist die Verfassung eines Menschen, der noch nicht zum Handeln
übergegangen ist. Sie bestimmt aber sein weiteres *Vorgehen* und wird dadurch
überhaupt erst manifest und beobachtbar. So kann sich der Schüler zu einem
Augenblickshandeln entschließen (um etwa rasch Leistungen zu erbringen) oder
zu einem von P. SPAN sog. »fehleranalysierenden« Vorgehen.
Das gewählte Vorgehen ergibt die jeweils spezifische *Handlungsstruktur* (die
Art und Weise, in der eine Leistung geliefert wird), deren Ergebnis bestimmte
*Leistungen* sind. Wichtig ist nun, daß die Leistung wiederum einen Einflußfak-
tor für das weitere Lernen darstellt, und zwar, indem sie entweder als ein Si-
tuationsfaktor wirkt oder über Handlungsstruktur, Vorgehen und Einstellung
zu einer dauerhaften Veränderung der Persönlichkeit führt.

Check-Liste der Lernaktivitäten

DIREKTES (UNVERMITTELTES) LERNEN

Lernen durch Tun

- [ ] Probieren - Hantieren
- [ ] Üben - Wiederholen - Trainieren - Rhythmisieren
- [ ] Gestalten - Schaffen - Bauen - Malen - Modellieren
- [ ] Ausüben - Vormachen - Vorführen - Vortragen - Lehren

Lernen durch Denken

- [ ] Informationen Sammeln - Einholen - Heraussuchen -
        Aus dem Gedächtnis abrufen (Erinnern)
- [ ] Informationen Speichern - Merken - Einprägen - Fixieren
- [ ] Informationen Bearbeiten - Ordnen - Klassifizieren
- [ ] Informationen Verknüpfen - Verallgemeinern - Schließen -
        Folgern - Ableiten - Deuten - Auslegen -
        Erklären - Interpretieren
- [ ] Informationen Bewerten - Beurteilen - Abschätzen
- [ ] Informationen Übertragen - Anwenden - Zugrundelegen -
        Als Handlungsanweisungen formulieren
- [ ] Informationen durch komplexe wissenschaftliche Verfah-
        rensweisen gewinnen und verarbeiten
        Beobachtung - Experiment - Modellbildung -
        Quellenkritik - Interview - Befragung

VERMITTELTES LERNEN

Lernen durch Rezipieren

- [ ] Betrachten - Ansehen - Beobachten - Zuschauen
- [ ] Zuhören - Anhören - Lauschen
- [ ] Lesen

Lernen durch Kommunizieren

- [ ] Präverbales Interagieren
- [ ] Kooperieren - Gemeinsam Aufgaben lösen - In Gruppen
        arbeiten - Mit Partner zusammenarbeiten
- [ ] Diskutieren - Meinungen austauschen - Beispiele fordern -
        Begründungen verlangen - Hinterfragen
- [ ] Spielen - Rollenspiele durchführen - Sportspiele
- [ ] Feiern

Neben psychologisch fundiertem Wissen über Lernvorgänge und der Kenntnis unterrichtswirksamer Beeinflussungsfaktoren wird man doch auch versuchen, eine Liste konkreter Lerntechniken aufzustellen. Sie kann dazu dienen, die vielen möglichen Lernaktivitäten der Schüler zu sehen, die zur Erreichung eines bestimmten Zieles zur Verfügung stehen.

Innerhalb der groben Unterscheidung von direktem (unvermitteltem, selbständigem, autodidaktischem) und vermitteltem Lernen (angeleitetem, gelenktem) werden vier Gruppen unterschieden:

1. *Lernen durch Tun* (learning by doing)
   Gelernt wird in der einfachsten Form durch absichtsloses Hantieren oder beabsichtigtes Probieren nach dem Gesetz von »trial and error« mit einer gedächtnismäßigen Speicherung des Erfolgs. Wiederholen und Üben führt zur Fertigkeit. Zuweilen hat man außer dem Erlernten auch noch ein fertiges Werk. Auch beim Lehren ist Lernen möglich (learning by teaching – children teach thildren).

2. *Lernen durch Denken* (learning by thinking about doing, Verinnerlichtes Tun)
   Lernen nach Versuch und Irrtum ist oft unbefriedigend und riskant. Deshalb wird an Hand eines inneren Modells von der Wirklichkeit durch geistiges Probieren das mögliche Ergebnis einer Handlung abgeschätzt (Simulation). So wird Mißerfolg verhindert oder in Grenzen gehalten. Nötig dazu ist das Sammeln von Informationen und das Erstellen von Denkmodellen. Hochformen dieser Lernform sind die wissenschaftlichen Methoden.

3. *Lernen durch Rezipieren*
   Lernen kann man nicht nur durch eigene Erfahrungen, sondern auch an Hand von Erfahrungen anderer: Man kann ihnen zusehen oder zuhören und dabei »propädeutisches« Wissen sammeln. Imitationslernen (Lernen durch Nachahmen) besteht strenggenommen aus zwei Schritten: zusehen und ausführen (mit dem Risiko des Probierens). Vorausgesetzt wird ein anderer Handelnder. (Rollentrennung)

4. *Lernen durch Kommunikation*
   Gemeinsames Lernen bei Rollengleichheit findet statt bei präverbalen Interaktionen (z. B. zwei Bergsteiger im Kamin, Mannschaftsrudern, Ballspielen, im Werkunterricht), bei Gesprächen, beim Lösen gemeinsamer Aufgaben, beim Schaffen von Gemeinschaftswerken und bei Spielen.

Das Ausgehen von den Lernaktivitäten der Schüler berücksichtigt das Aktivitätsprinzip (Selbsttätigkeit), wie es die Didaktik in der Arbeitsschulbewegung der Reformpädagogik (Kerschensteiner, Gaudig, Scheibner) entwickelt hat.

Check-Liste der Lehraktivitäten

**Lernprozeß bestimmendes Lehren**

☐ <u>Lernziele aufstellen</u> - Stoffauswahl treffen - Aufgaben
aussuchen - Feinziele ableiten

☐ <u>Lernen planen</u> - Stoffverteilungspläne erstellen -
Stundenskizzen entwerfen

☐ <u>Lernen organisieren</u> - Hilfsmittel bereitstellen -
Für Ordnung sorgen - Aufräumen

☐ <u>Lernen regeln</u> - Anregen - Raten - Vorschlagen -
Bitten - Anordnen - Anweisen - Befehlen

☐ <u>Lernen motivieren</u> - Verstärken - Loben - Tadeln -
Appelieren - Ermutigen - Ermahnen - Ermun-
tern - Anerkennen - Belohnen - Bestrafen

☐ <u>Lernen kontrollieren</u> - Abfragen - Prüfen - Testen -
Überprüfen

☐ <u>Lernen bewerten</u> - Beurteilen - Benoten - Verbessern -
Berichtigen - Kritisieren

**Medien ersetzendes Lehren**

☐ <u>Tafelanschriften fertigen</u> - Tafelzeichnungen -
Arbeitsblätter

☐ <u>Demonstrieren</u> - Vorzeigen - Vormachen - Vorführen

☐ <u>Informieren</u> - Vortragen - Erzählen - Berichten -
Darstellen - Beschreiben - Schildern -
Beispiele geben - Fragen beantworten

☐ <u>Korrelieren</u> - Informationen verknüpfen - Erklären -
Deuten - Interpretieren - Verallgemeinern -
Ableiten - Folgern - Schließen - Berechnen

☐ <u>Vorlesen</u> - Aufsagen - Hersagen

☐ <u>Diktieren</u>

**Kommunikation regelndes Lehren**

☐ <u>Gruppen- und Partnerarbeit durchführen</u> - Einzelschaf-
fen zu Gemeinschaftswerken koordinieren

☐ <u>Diskussion leiten</u> - Gespräch führen

☐ <u>Spielleitung übernehmen</u> - Regie führen - Schiedsrichterfunktion ausüben

Die Tätigkeit des Lehrens im Sinne des Belehrens hat in der pädagogischen Tradition immer stärkere Beachtung gefunden als die Schülertätigkeiten und als eindrucksvoll und »gut« wird ein Unterricht angesehen, in dem der Lehrer einfallsreich und vielfältig agiert, alle Register seines Könnens zieht, aus seinem reichen Arsenal immer die richtigen Maßnahmen zieht, dessen didaktische Trickkiste unerschöpflich ist, der die »Dramaturgie des Unterrichts« (G. Hausmann) beherrscht, kurz: der Showmaster.

Dieses Bild des Lehrers muß durch eine wesentliche Funktionsbestimmung erweitert werden, die seine zentrale Stellung nicht mehr so augenfällig macht, nämlich seine Hauptrolle als *Organisator von Lernprozessen.* → Übersicht Damit verlagert sich das Gewicht auf die Seite des Schülers und dessen Lernaktivitäten.

Die »Check-Liste der Lehraktivitäten« enthält also nicht an erster Stelle die traditionellen Lehrertätigkeiten wie vormachen, vorzeigen, vortragen, erklären etc. sondern den *Lernprozeß bestimmende Verhaltensweisen.* Und auch sie werden nicht als »Lehr*er*aktivitäten« bezeichnet, sondern als Aktivitäten des Lehrens, die prinzipiell auch von Schülern übernommen werden könnten. Der Schüler könnte sich selber (= autodidaktisch) oder anderen (children teach children) Aufgaben stellen, Ziele setzen, Hilfsmittel herbeiholen und könnte auch Lernerfolge kontrollieren.

Das gleiche gilt für die beiden anderen Lehrfunktionen: es ist daran zu denken, daß auch Schüler *Medien ersetzen* können: Referate halten, Versuche demonstrieren, Erlebnisse wiedergeben, vorlesen und diktieren. Und auch *Kommunikation regelnde Tätigkeiten* (Diskussions-, Spielleitung) sind kein Lehrerprivileg mehr.

Der Lehrer wird zwar auch in einem »modernen« Verständnis von Unterricht Zentral- und Schlüsselfigur bleiben, der gesellschaftliche Ansprüche zu vertreten hat. Aber dies wird nicht mehr so sichtbar sein, sondern seine Aktivitäten werden eingeschränkt sein zu gunsten der Aktivitäten der Lernenden.

In diesem Sinne wird schülerzentrierter Unterricht beschrieben als »ein Prozeß, in dessen Verlauf Lehrer und Schüler gemeinsam die unterrichtliche Struktur so verändern, daß ein zunehmend größeres Ausmaß an Selbständigkeit und Mitbestimmung möglich wird« (Wagner u. a. 1976).

Auflistungsversuche der Lehrertätigkeiten finden sich auch bei BACHMAIR (1974), VOGEL (1974) und SCHULZ (1973).

Bedingungsvariablen der Lernmotivierung

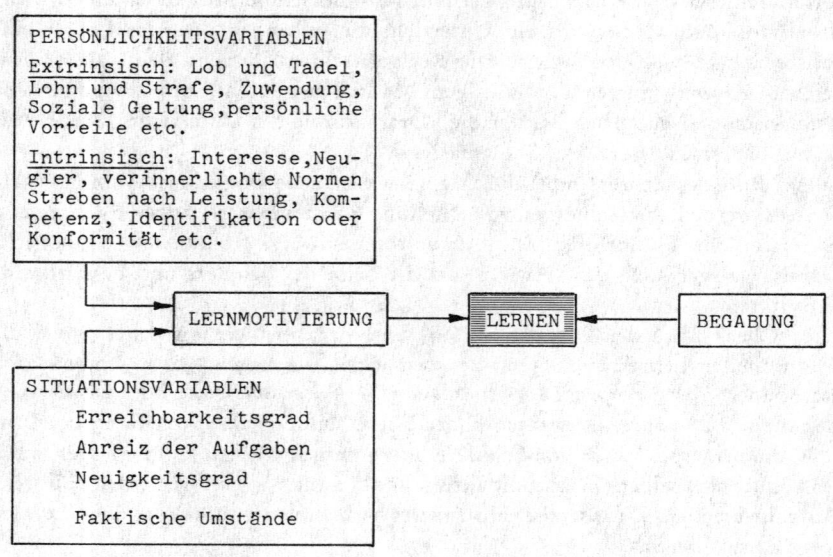

Formel für die Bedingungsvariablen (nach Heckhausen 1970)

$$\text{Motl} = (\text{LM} \cdot \text{E} \cdot \text{Ae}) + \text{As} + \text{N} + \left[\text{bId} + \text{bZust} + \text{Abh} + \text{bGelt} + \text{bStrafv}\right]$$

Motl = Lernmotivation

LM  = Leistungsmotivation

As = Sachbereichsbezogener Anreiz
(Wertungseinstellung)

*Situationsvariablen:*

E   = Erreichbarkeitsgrad

Ae  = Anreiz von Aufgaben

N   = Neuigkeitsgehalt

*Bedürfnisse:*

bId     nach Identifikation

bZust   nach Zustimmung

Abh     nach Abhängigkeit

bGelt   nach Geltung und Anerkennung

bStrafv nach Strafvermeidung

# Die Lernmotivierung

Es ist sinnvoll, neben der kognitiven Komponente des Lernprozesses (»Begabung«) auch eine motivationale zu unterscheiden; denn vor dem »Wie« des Lernens kommt das »Daß«. Lernmotivation bedeutet Lernbereitschaft und Lernwille und ist Voraussetzung für Lernen schlechthin. Entsprechend ist die Lernmotivierung die zentrale Frage der Methodik: Jede Erzähl- oder Erklärkunst, jede methodische Raffinesse des Lehrers ist umsonst, wenn der Schüler nicht lernen *will*. Es ist nicht übertrieben, die Hauptaufgabe des Lehrers darin zu sehen, den Schüler zum Lernen zu motivieren. Erst nach dieser generellen Aktivierung kann die konkrete Ausformung geschehen.

Ein In-Gang-bringen und In-Gang-halten des Lernprozesses kann zunächst durch ein anregendes Arrangement der Lernsituation erreicht werden: Anreiz der Aufgaben, Neuigkeitsgehalt und mittlerer Erreichbarkeitsgrad. Besonders die Faktoren LM, E und Ae dürfen nach dem Prinzip der multiplikativen Verknüpfung in der Formel HECKHAUSENS (1970) nicht den Wert 0 erreichen. Auch faktische Umstände wie Tageszeit, Temperatur, Lerntempo oder Lerndauer können die Motivation beeinflussen.

Dazu kommen bestimmte psychische Mechanismen innerhalb der Persönlichkeit (*Persönlichkeitsvariablen*), die für den Lernprozeß nutzbar gemacht werden können. Den *intrinsischen*, d. h. sachbezogenen Motivationen ist dabei besondere Aufmerksamkeit zuzuwenden und auch unbedingt der Vorzug zu geben, da sie auf lange Sicht zum selbständigen Lernen führen. Es läßt sich aber nicht leugnen, daß das außengesteuerte und fremdbestimmte Lernen in der Schule nicht ohne *extrinsische* (sachfremde) Motivation möglich ist. Dabei ist in etwa ein reziprokes Verhältnis zwischen beiden Motivationsarten zu konstatieren: Mit dem Abbau extrinsischer Motivationen wird der Weg freigelegt für das Entstehen intrinsischer Motivationen. Im ganzen kann man für den Raum der Schule ein Prinzip der multimotivationalen Stützung aufstellen, nach dem ein gleichzeitiger Einsatz mehrerer Motivationen unter Ausschaltung hemmender situativer Faktoren die größte Wirksamkeit verspricht. Außerdem müßten auch entwicklungspsychologische Gegebenheiten Berücksichtigung finden: Während etwa der Schulanfänger noch sehr personengebunden und gegenüber Belohnungsmaßnahmen (»Fleißbildchen«) offen ist, dürfte der ältere Schüler doch mehr an die Sache gebunden werden können.

Einen neuen Anstoß erhielt die Motivationsforschung durch das Konzept der *Kausalattribuierung*. In einem Vierfelderschema (zeitvariabel/zeitstabil und intern/extern bedingt) wird gezeigt, daß Erfolgs- und Mißerfolgsmotiviertheit des Schülers wesentlich davon abhängen, welchen Ursachen (Anstrengung, Fähigkeit, Zufall oder Aufgabenschwierigkeit) er seine Leistungen zuschreibt.

Sanktionsstufen

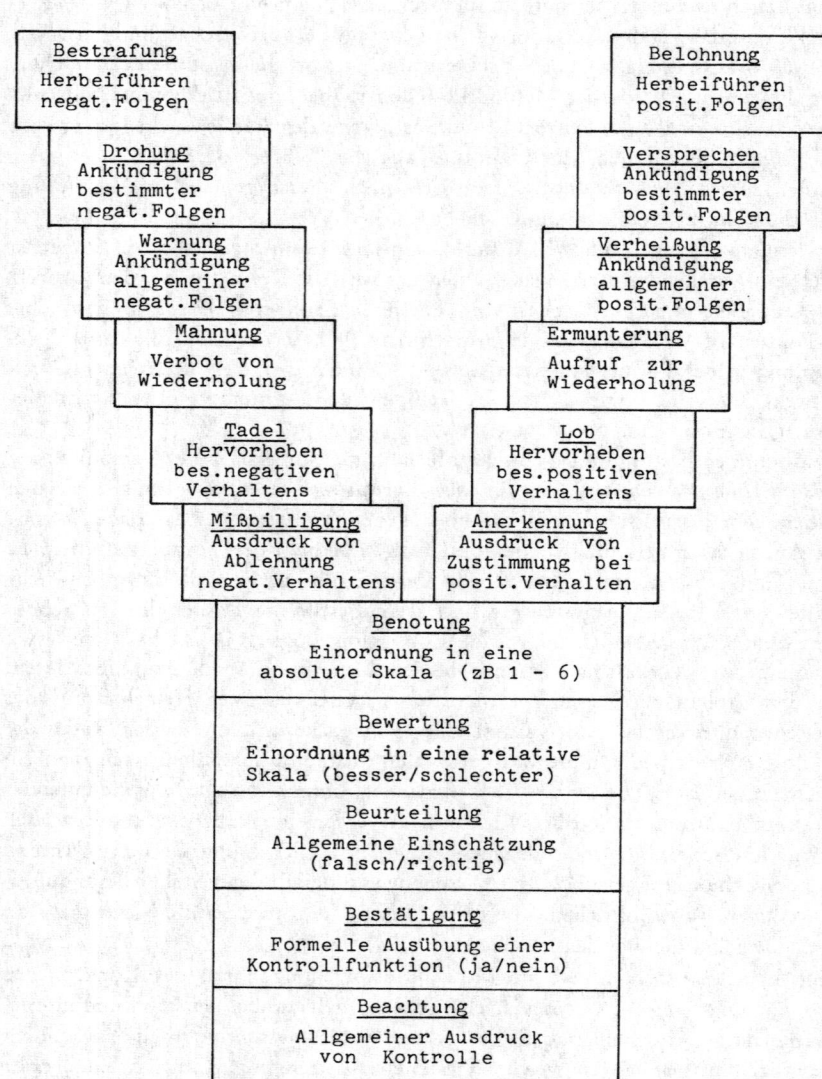

| Bestrafung | Belohnung |
|---|---|
| Herbeiführen negat.Folgen | Herbeiführen posit.Folgen |

| Drohung | Versprechen |
|---|---|
| Ankündigung bestimmter negat.Folgen | Ankündigung bestimmter posit.Folgen |

| Warnung | Verheißung |
|---|---|
| Ankündigung allgemeiner negat.Folgen | Ankündigung allgemeiner posit.Folgen |

| Mahnung | Ermunterung |
|---|---|
| Verbot von Wiederholung | Aufruf zur Wiederholung |

| Tadel | Lob |
|---|---|
| Hervorheben bes.negativen Verhaltens | Hervorheben bes.positiven Verhaltens |

| Mißbilligung | Anerkennung |
|---|---|
| Ausdruck von Ablehnung negat.Verhaltens | Ausdruck von Zustimmung bei posit.Verhalten |

**Benotung**
Einordnung in eine absolute Skala (zB 1 - 6)

**Bewertung**
Einordnung in eine relative Skala (besser/schlechter)

**Beurteilung**
Allgemeine Einschätzung (falsch/richtig)

**Bestätigung**
Formelle Ausübung einer Kontrollfunktion (ja/nein)

**Beachtung**
Allgemeiner Ausdruck von Kontrolle

Wenn nach moderner didaktischer Auffassung eine unbedingte »Unterordnung des Lehrens unter das Lernen« (Gattegno 1974) zu fordern ist, kann die Hauptfunktion des Lehrers nicht mehr im Dozieren bestehen, sondern muß als Arrangieren von Lernprozessen gesehen werden. Dazu gehört neben vorbereitenden Aufgaben (Lernziele aufstellen, planen, organisieren) die eigentliche Steuerung.

Zunächst können wir hier Formen der bloßen *Regelung* unterscheiden, die man je nach dem Intensitätsgrad der Lenkung in folgende Reihenfolge bringen kann: Anregen – Vorschlagen – Raten – Wünschen – Bitten – Anordnen – Befehlen. Eine klare Scheidung und gezielte Anwendung dieser Formen erscheint als dringend geboten, um die Schüler nicht zu verunsichern und um einen möglichst reibunglosen Unterrichtsverlauf zu ermöglichen. Wer etwa zu einer Gruppenarbeit »anregen« möchte, darf nicht beleidigt sein, wenn die Anregung nicht aufgenommen wird. »Bitten« (um Gefälligkeiten) dürfen abgeschlagen, Ratschläge mißachtet werden. Vor allem ist es dem Schüler gegenüber unfair, nach einer abgeschlagenen Bitte mit Befehlen oder gar Drohungen zu kommen; gleichzeitig wird hier die Form der Bitte als reine Höflichkeitsfloskel entlarvt (gegen Tausch & Tausch [1964]!). Die dem Auftrag des Lehrers gemäße und vorherrschende Sprachform dürfte die der Anordnung oder Anweisung sein.

Die Regelung des Lernprozesses wird durch Maßnahmen positiver und negativer *Sanktionen* abgesichert und gestützt. Wir fassen unter diesem Begriff motivierende, kontrollierende und bewertende Reaktionen des Lehrers auf Schülerverhalten und Schülerleistungen zusammen. Auch hier kommt es wesentlich darauf an, daß die der jeweiligen Lage und dem intendierten Ziel gemäße Sanktionsform gewählt wird. Neben der schon aus den obigen Ausführungen ableitbaren Regel, innerhalb der Reihe nicht zu »springen«, d. h. bei Erfolglosigkeit einer Maßnahme die »Dosis zu erhöhen« – wie dies weithin beobachtet werden kann – kann als weitere Faustregel gelten, daß man versuchen soll, mit möglichst »niederen«, »schwachen« Sanktionsformen auszukommen. Bereits das regelmäßige »Beachten« von Verhalten und Leistungen stellt einen sehr wirkungsvollen Motivationsfaktor dar. Hohe Effektivität besitzt auch die mehr emotional getönte »Anerkennung«, wohingegen das viel empfohlene »Lob« Gefahren heraufbeschwört: Es kann aus der Sicht des Gelobten übertrieben sein, es kann von der Klasse als ungerechtfertigt angesehen werden oder gar den Betreffenden zum Streber abstempeln; es ist prinzipiell nicht sach-, sondern personenbezogen und verfestigt autoritäre Strukturen, da ja der Lobende sich die Berechtigung zum Loben immer wieder selbst zuspricht. Lob macht oft mißtrauisch und ruft als Bewertungsmaßnahme Unbehagen hervor, weil die Identität bedroht erscheint.

Fundamentale Lernprozesse (nach Ammer u.a.1976)

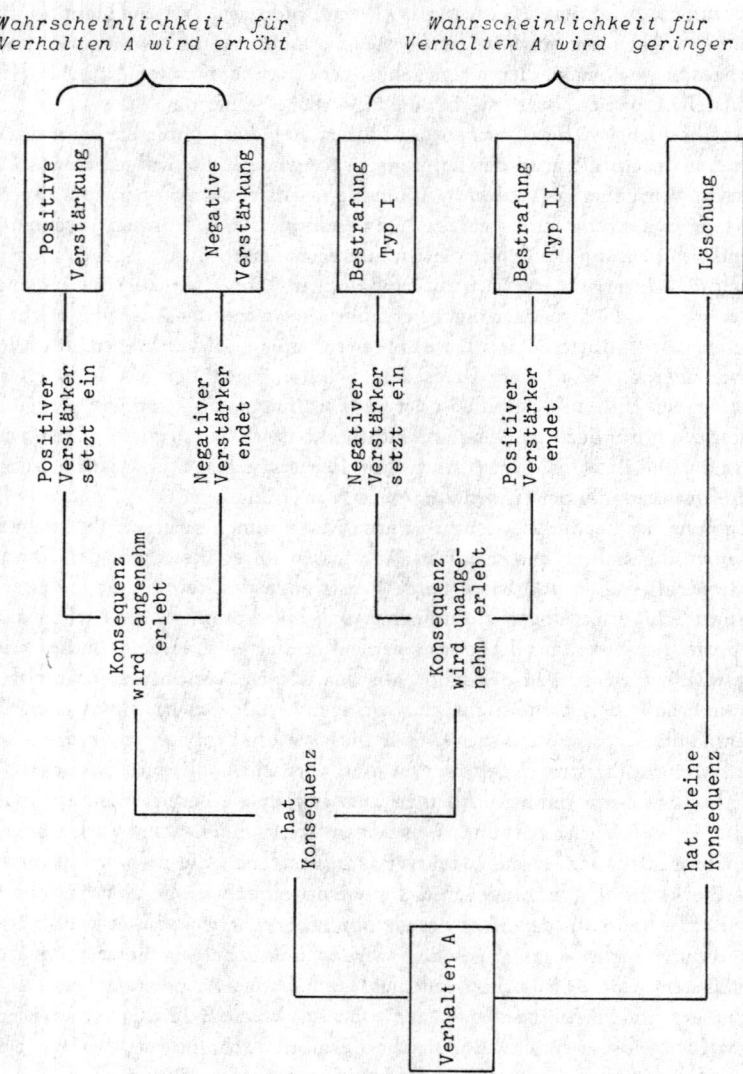

# Verhaltensmodifikation

Die bis auf den Behaviorismus zurückgehenden Einsichten der Verhaltenspsychologie bilden ein äußerst gefährliches Werkzeug in der Hand des Lehrers; denn da sie tatsächlich sehr wirksame Techniken zur Veränderung menschlichen Verhaltens bereitstellt, verleitet sie zur unkritischen Übernahme und Anwendung. Daher erscheint es geboten, darauf hinzuweisen, in Konfliktsituationen auch andere Kausalfaktoren wie »Sachzwänge« des Schulsystems, »Öffentliche Sichtweise« und Lehrerpersönlichkeit aufzudecken und anzugehen, bevor man sich dazu entschließt, gezielt das Schülerverhalten zu »modifizieren«.
Folgende fundamentalen Lernprozesse laufen beim Aufbau menschlichen Verhaltens ab:
1. Positive Verstärkung (z. B. Lob für eine Fleißaufgabe)
2. Negative Verstärkung (z. B. die Isolation eines aggressiven Schülers wird bei gutem Benehmen wieder aufgehoben)
3. Bestrafung Typ I (z. B. Tadel, Strafarbeit)
4. Bestrafung Typ II (z. B. Entzug von Vergünstigungen)
5. Löschung (z. B. ein sich meldender Schüler wird nicht aufgerufen)
Als Gesetzmäßigkeit ergibt sich daraus: Bestrafte Verhaltensweisen treten in Zukunft weniger wahrscheinlich auf, verstärkte Verhaltensweisen häufiger. Da aber auch eine Bestrafung vom Schüler als Zuwendung und damit Verstärkung aufgefaßt werden kann, gilt die Grundregel: *Erwünschtes Verhalten muß verstärkt, unverwünschtes darf nicht verstärkt* (z. B. beachtet) *werden*. Die Verstärkung muß sofort erfolgen und so lange *kontinuierlich* forgesetzt werden, bis ein gewisser Grad von Stabilität erreicht ist. Dann aber erzielt *intermittierende* (unterbrochene) Verstärkung höhere Löschungsresistenz. Auch Vorstufen erwünschten Verhaltens müssen verstärkt werden, so z. B. bereits das Sich-melden ängstlicher Schüler, nicht erst die Antwort.
Da materielle, symbolische und Aktivitätsverstärker in der Schule weniger einzusetzen sind, kommen vor allem Sozialverstärker (Lächeln, Anerkennung) in Frage. Wichtigster Verstärker dürfte aber das Herbeiführen von Erfolg beim Schüler sein ($\rightarrow$ Lernmotivierung).
Wo das erwünschte Verhalten überhaupt nicht gezeigt wird und somit auch nicht verstärkt werden kann, ist dem zweiten Faktor menschlichen Lernens zur Geltung zu verhelfen, den die Theorie des *Imitationslernens* (Beobachtungslernen, Lernen am Modell) herausgestellt hat. Danach lernt der Mensch auch durch Nachahmung des Verhaltens anderer, was in der pädagogischen Kategorie des »Vorbildes« schon lange gesehen wurde. Der Lehrer hat also sowohl selbst in seinem Verhalten positive Modelle zu bieten (z. B. konstruktive Kritik, Höflichkeit), als auch die Mitschüler dazu einzusetzen.

Sozialformen des Unterrichts

| | | |
|---|---|---|
| Lehrervortrag | Schülervortrag | Abteilungsunterr. |
| Lehrer-demonstration | Schüler-demonstration | Rollenspiel |
| Frageunterricht | Unterrichts-gespräch | Diskussion |
| Einzelarbeit | Partnerarbeit | Gruppenarbeit |

Die Sozialformen des Unterrichts beschreiben die Verteilung der Aktivitäten von Lehrer und Schülern und der Schüler untereinander. Da die soziale Organisation nicht nur Auswirkungen auf den Lernprozeß hat, sondern auch Prozesse der Sympathie- und Antipathiebildung, der Über- und Unterordnung, der Rollenverteilung, der Rollen*anpassung* und der Statuszuweisung bedingt, können entsprechende methodische Entscheidungen nicht willkürlich, beliebig, sekundär oder neutral gefällt werden: Die soziale Form, in der Lernen verläuft, ist Bestandteil des Lernprozesses und ein wesentlicher Lerninhalt (der auch zielmäßig zu erfassen ist).

Auch wenn die traditionelle Form des *Klassen*unterrichts mehr und mehr abgebaut wird, muß man doch die spezifische Funktion jeder einzelner Sozialform sehen und zum Tragen kommen lassen. Sozialformen können durch stofflich-inhaltliche Entscheidungen nahe gelegt werden oder z. T. Selbstzweck sein (Kooperationsbereitschaft). Eine methodische Vielfalt baut lähmender Routine und erstarrtem Schematismus vor und wird individuellen und schichtenspezifischen Unterschieden des Schülerarbeitsstiles gerecht.

Der *Klassenunterricht* (Vortrag, Demonstration, Frageunterricht) bringt zunächst rasche und gleiche Information für alle Schüler, weniger Vorbereitung für den Lehrer und weniger Disziplinprobleme für den Anfänger. Dafür vernachlässigt er andere Ziele, die von einer mobilen Gesellschaft immer mehr gefordert werden: Aktivität, Produktivität, Kreativität, Selbstständigkeit, Kooperationsfähigkeit, Entscheidungsfähigkeit und kritische Vernunft.

Durch verschiedene *Gesprächsformen* werden der starre Unterrichtsblock aufgelöst und die Beteiligungsmöglichkeiten der Schüler vermehrt. Eine veränderte Sitzordnung *(Sitzkreis)* kann die positiven Auswirkungen noch steigern.

Beim Einsatz von *Schüler-Lehrtätigkeiten* (Schülervortrag, -demonstration oder -gesprächsleitung) wird Lehrerautorität abgebaut und gleichzeitig die soziale Kompetenz der Schüler erhöht.

*Partnerarbeit* ist fast immer und rasch einsetzbar, zeigt sehr hohe Effektivität und bringt für den Schüler Abwechslung. Sie kann ein erster Schritt zu den verschiedenen Formen der → *Gruppenarbeit* sein. (vgl. auch → Individualisierung und Differenzierung)

Das Prinzip der Individualisierung erfordert *Abteilungsunterricht*. Dabei werden innerhalb der Klasse zwei oder drei Abteilungen gebildet. Während die einen Schüler selbsttätig Aufgaben erledigen, kann sich der Lehrer einer Schülergruppe im Direktunterricht zuwenden.

Grundformen des Lehrervortrages

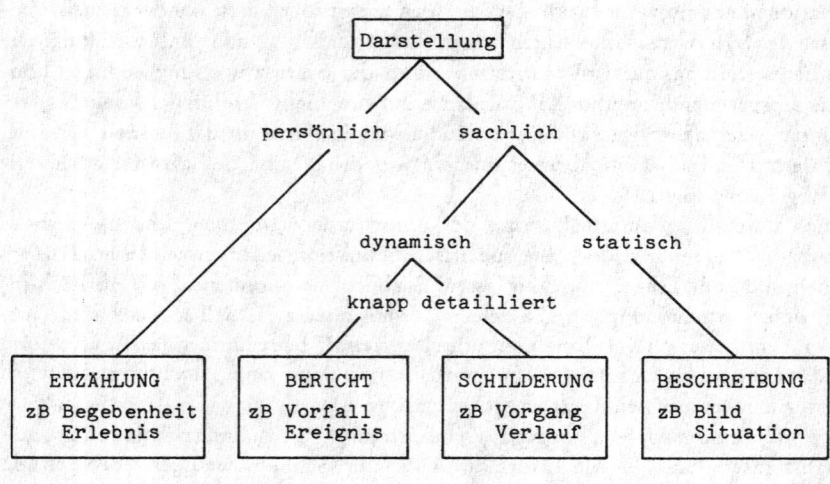

Voraussetzungen für Verständlichkeit
(nach Schulz von Thun u.a. 1973)

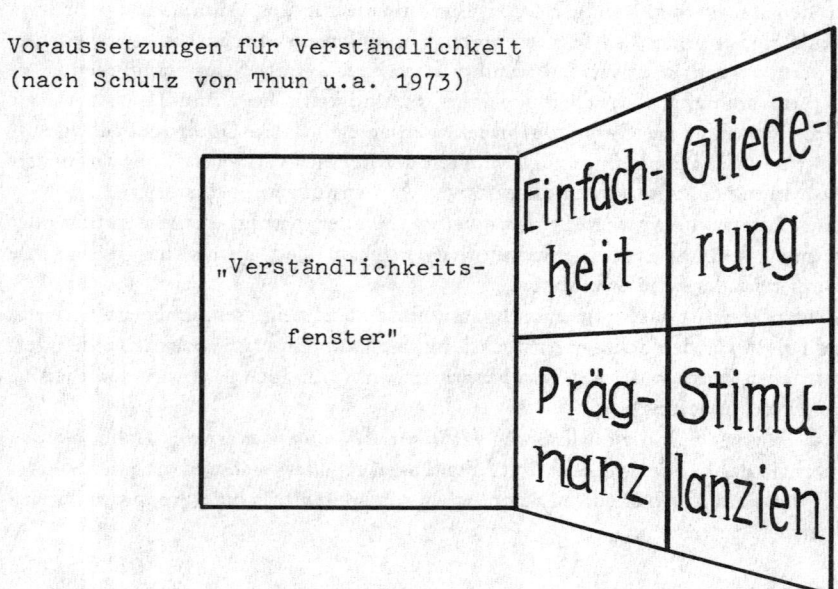

Auch wenn der dozierende Unterricht zu gunsten schülerzentrierter Formen zu-rückgedrängt wurde, bleibt der *Lehrervortrag* ein unverzichtbares Bildungsmit-tel; denn nicht nur durch er-fahren (im ursprünglichen Wortsinne) lernt man, sondern auch und gerade durch Informiert-werden. Die pädagogische Anthropo-logie hat als *ein* fundamentales Ergebnis herausgestellt, daß der Mensch eben nicht allein »durch Schaden klug wird«, sondern auch durch das Reflektieren über den Schaden anderer. So wird ein Großteil auch des Unterrichts im modernen Verständ-nis so ablaufen, daß der Lehrer den Schülern etwas vorträgt, und die Qualität des Unterrichts hängt wesentlich davon ab, daß der Lehrer die entsprechenden Techni-ken beherrscht (Becker 1976).

Dies trifft besonders für die rein informierende Tätigkeit des Lehrers zu, die mehr als beim Erklären und Erläutern bewußtes rezeptives Verhalten der Schüler erfordert. Diese zeitweilige Rollentrennung muß vom Schüler als sinn-voll begriffen und akzeptiert werden, damit die Information ihre Funktion er-füllt.

Vor der Planung eines Lehrervortrages sind zwei Entscheidungen zu fällen: a) ob die Information nicht auch durch andere Medien (Film, Tonaufzeichnung, Buch) oder b) durch andere Schüler (Schülerreferat) gegeben werden kann. Eine weitere Differenzierung kann nach den stilistischen Grundformen – Erzählung, Bericht, Schilderung und Beschreibung – getroffen werden, wobei an die Er-zählung besonders hohe Anforderungen zu stellen sind, da hier jede Ungeschick-lichkeit oder Störung den Spannungsbogen abreißen läßt. Entsprechende Hin-weise bringen die gängigen Unterrichtslehren, z. B. die schon aus der antiken Rhetorik stammenden Regeln: dramatisiere, personifiziere, lokalisiere, moti-viere, dynamisiere und detailliere!

Von der Darstellung als Information über Fakten ist die *Erklärung* abzuheben, bei der Informationen verknüpft werden. Sie wird oft von Anschauungsmitteln unter-stützt, durch eine entwickelnde Tafelzeichnung oder -anschrift ergänzt oder durch kurze Kontrollfragen unterbrochen. Das Ziel einer Erklärung besteht im Verstehen auf Seiten des Schülers, also auf der bereits 2. Stufe der kognitiven Taxonomie (s. d.!). Voraussetzung für die Verständlichkeit sind nach Schulz von Thun u. a. (1973) folgende vier Merkmale einer Erklärung:

1. Einfachheit, d. h. schüleradäquater Wortschatz, Satzbau und Abstraktionsgrad
2. Gliederung, d. h. folgerichtige Ordnung des Gedankenganges mit Strukturie-rungshilfen (Unterpunkte, vorausgeschickter Überblick, »Roter Faden«)
3. Prägnanz, d. h. Ausgewogenheit zwischen bündiger, zielstrebiger Kürze und Redundanz (Wiederholungen, → Informationstheoretische Didaktik)
4. Stimulanzien, d. h. motivierende Zusätze zur Erhaltung der Aufmerksamkeit.

Impulsweite

a) Enger Impuls                    b) Weiter Impuls

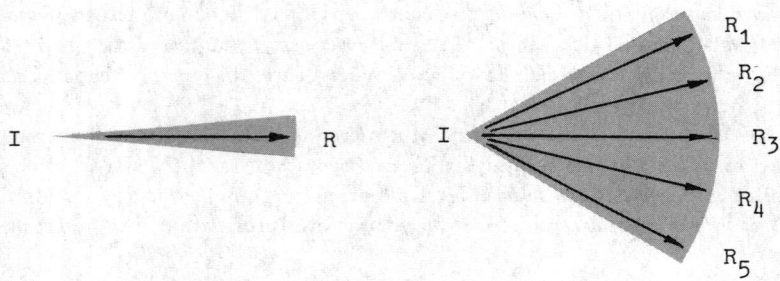

(I = Impuls, R = mögliche Schülerreaktion)

Gesprächsformen in der Schule

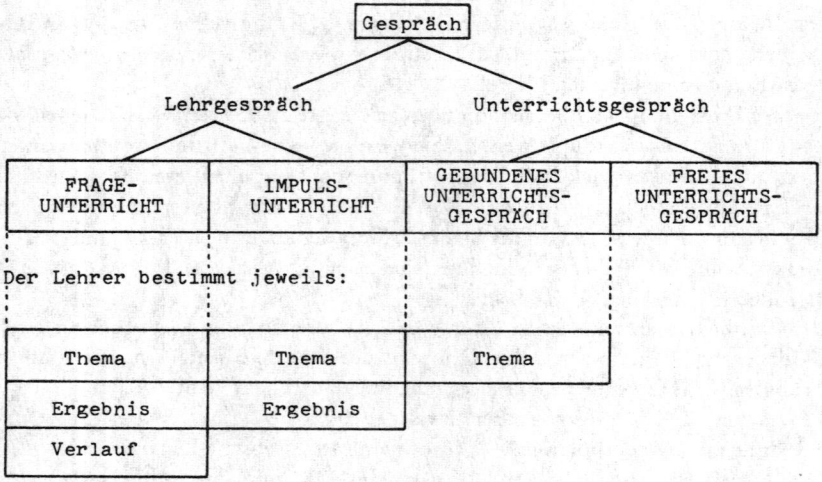

Der dozierende Unterricht trägt so lange nicht zur Verfestigung autoritärer Strukturen bei, als er durch andere Unterrichtsformen ergänzt wird, und wenn das *Gespräch* zentraler Ort der Begegnung von Lehrer und Schülern bleibt. Auch die Gesprächsführung ist eine – wenn auch erlernbare – Kunst, die u. a. ein hohes Maß von erziehlicher Zurückhaltung voraussetzt. Je nach Ziel wird das Gespräch mehr oder weniger gelenkt verlaufen. Keine der 4 Hauptformen genügt allen Anforderungen, keine ist aber auch entbehrlich. Es gilt wie in allen Bereichen der Methodik auch hier, die verschiedenen Lehrtechniken variabel und flexibel zu handhaben und einzusetzen (Thiele 1981, Ritz-Fröhlich 1977).

Verbale Impulse, die der Lehrer beim Lehrgespräch gibt, können in den drei grammatikalischen Formen der Behauptung (Indikativ), Aufforderung (Imperativ) oder Frage (Interrogativ) erfolgen. Eine Abwertung der Frage gegenüber dem Impuls ist daher nicht angebracht. Entscheidend ist vielmehr die Weite des Reaktionsspielraumes, der dem Schüler eröffnet wird: Bei engen Impulsen oder Fragen sind nur eine oder wenige Reaktionen, bzw. Antworten möglich, weite Impulse erhöhen die geistige Mitarbeit und geben dem Schüler mehr Möglichkeiten, das Gespräch mitzusteuern (Sommer 1981).

Einige Frageformen haben sich als didaktisch problematisch erwiesen, so die Ergänzungs- oder Klapperfrage (Zeppelin war ein . . Er . . Erf . . inder), die Suggestivfrage (die die Antwort durch Erraten nahe legt), die Entscheidungsfrage (die in der Regel in eine Begründungsfrage umformuliert werden sollte) und die Definitionsfrage, bzw. die Aufforderung zur Definition. Letztere überfordert den Schüler meist und sollte mindestens mit dem methodischen Hinweis verknüpft sein, ob eine Realdefinition (Über-/Unterordnung), Enumeration (Aufzählung) oder operationale Definition erwartet wird.

Fragen müssen in dreifacher Hinsicht richtig gestellt sein:

1. Sprachliche Richtigkeit (Fragewort an den Anfang, richtiges Fragewort, z. B. wozu? woraus? anstatt: zu was? oder aus was?)
2. Logische Richtigkeit (eindeutig beantwortbare und dem fachwissenschaftlichen Gebrauch entsprechende Formulierung)
3. Psychologische Richtigkeit (entwicklungsgemäß, keine Doppel- oder gar Kettenfragen) (Stöcker 1954).

Gruppenarbeit/Formen (nach Slotta )

**Hochform**

(schließt Sozial- und Arbeitsform ein)
Gruppenarbeit rationell und ökonomisch,
den „Inhalt-Zeit-Gegensatz" überwindend.

**Arbeitsform**

(schließt Sozialform ein)
Gruppenarbeit erzieht zu erhöhter
Sachlichkeit und Werkvollkommenheit

**Sozialform**

Das Gruppenleben in der Klassengemeinschaft
schafft „soziale Atmosphäre": Vertrauen,
Hilfsbereitschaft, soziale Verantwortung.

Der erzieherische Weg des Gruppenunterrichts

Gruppenarbeit/Verlauf (nach Jannasch/Joppich)

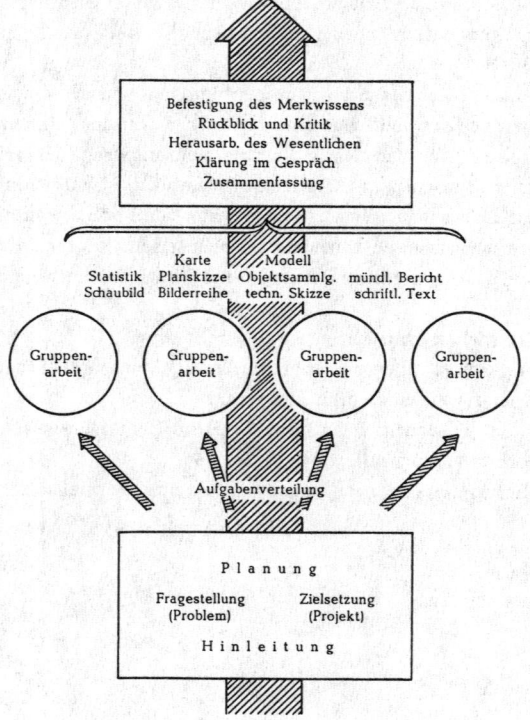

Befestigung des Merkwissens
Rückblick und Kritik
Herausarb. des Wesentlichen
Klärung im Gespräch
Zusammenfassüng

Karte    Modell
Statistik  Planskizze  Objektsammlg.  mündl. Bericht
Schaubild  Bilderreihe  techn. Skizze  schriftl. Text

Gruppen-
arbeit

Gruppen-
arbeit

Gruppen-
arbeit

Gruppen-
arbeit

Aufgabenverteilung

P l a n u n g

Fragestellung        Zielsetzung
(Problem)           (Projekt)

H i n l e i t u n g

66

Beim Gruppenunterricht hat der Schüler a) die Möglichkeit, aktiv und selbständig zu lernen (Individualisierung) und erwirbt b) die Fähigkeit zur Kooperation (Sozialisierung). Eine Vorform oder auch Sonderform ist die *Partnerarbeit*. Sie kann der gegenseitigen Kontrolle oder der gemeinsamen Übung dienen. Vor allem aber können in Partnergesprächen nach jeder Form der Darbietung (Film, Erzählung, Problemangabe) erste Meinungen ausgetauscht werden, die mancher aus Ängstlichkeit im Klassenverband nicht äußern würde.

Aus der Trennung von methodischen und erziehlichen Funktionen können drei S t u f e n abgeleitet werden, die auch für die allmähliche Hinführung der Klasse zur Gruppenarbeit als Entwicklungsschritte von Bedeutung sind: In der *Sozialform* wird die Zusammenarbeit in Gruppen geübt. Die *Arbeitsform* erbringt bereits unterrichtsrelevante Ergebnisse. In der *Hochform* kann die Leistung so gesteigert werden, daß die Arbeit in Gruppen zu einer rationellen und ökonomischen Unterrichtsform wird, die mit anderen Sozialformen konkurrieren kann.

In Bezug auf das Thema muß unterschieden werden zwischen:

*Arbeitsgleiche Gruppenarbeit* (konkurrierendes Verfahren): In jeder Gruppe wird an dem gleichen Thema gearbeitet.

*Arbeitsteilige Gruppenarbeit:* Jede Gruppe arbeitet an einem Teilthema.

Hinsichtlich der Verlaufsform ergeben sich in der Regel drei Phasen:

1. *Vorbereitung* der Gruppenarbeit: Motivation, Thema, Ziel, Gruppenbildung und Aufgabenverteilung im Plenum
2. *Gruppenarbeit:* Faktensammeln, Aufgabenlösung und Formulierung der Ergebnisse
3. *Auswertung* der Gruppenarbeit: Gruppenberichte, Diskussion und Zusammenfassung des Endergebnisses im Plenum

Gruppenunterricht ist eine anspruchsvolle Sozialform des Unterrichts und setzt sorgfältige Planung voraus. Vor allem aber muß man daran denken, daß aus einem Schüleraggregat erst nach einiger Zeit Gruppen im sozialpsychologischen Sinne werden. Diese Entwicklung untersucht die Gruppendynamik: von einem Dominanzstadium aus gelangen die Schüler erst allmählich über ein Beruhigungsstadium zu einem produktiven Regelstadium. Diese Zusammenhänge sind bei der Einführung und Durchführung von Gruppenarbeit zu berücksichtigen.

Nach den jeweiligen Gruppierungskriterien unterscheidet man Spontangruppen, Interessengruppen, Sympathiegruppen und Leistungsgruppen (leistungshomogen oder leistungsheterogen).

Formen der Differenzierung

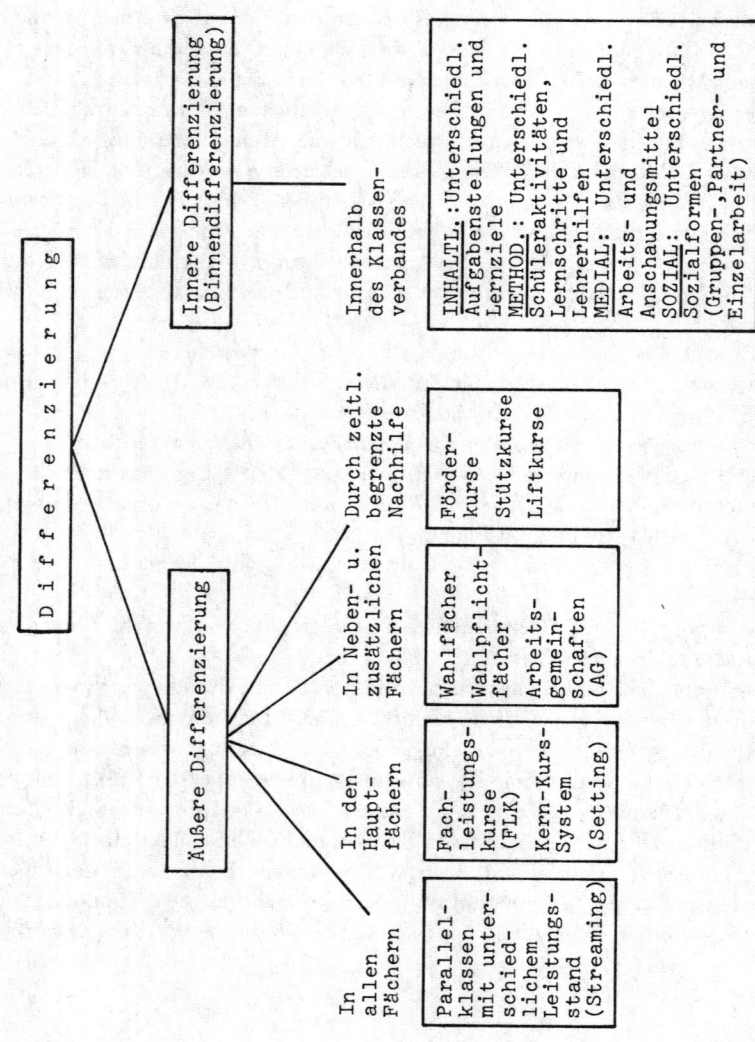

68

## Individualisierung und Differenzierung

*Differenzierung* ist jene organisatorische Maßnahme, die dem Prinzip der Individualisierung zur unterrichtlichen Geltung verhilft. Im Gegensatz zu Partner- und Gruppenarbeit – mit der sie oft gleichgesetzt wird – ist das Charakteristikum der Differenzierung, daß einzelnen Schülern oder Schülergruppen andersartige Lernaufgaben gegeben werden. Die Kriterien für diese Maßnahme können sehr verschieden sein; es wird aber immer versucht, gewisse Mängel des Jahrgangsklassensystems auszugleichen.

Viele Formen der Differenzierung sind bereits institutionell verankert. So stellt das Bestehen von drei Schularten (Hauptschule, Realgymnasium und Gymnasium) und Sonderschulen eine interschulische Differenzierung dar. Dem steht die intraschulische Differenzierung gegenüber, die man in eine äußere und eine innere Differenzierung einteilt. Während die äußere Differenzierung klassenübergreifende (externe) Organisationsmaßnahmen nötig macht, ist die innere Differenzierung die eigentliche Domäne des Lehrers. Sie kann unter inhaltlichen, methodischen, medialen oder sozialen Aspekten erfolgen (vgl. Heiland 1979, Geppert/Preuß 1978).

Dem Prinzip der Individualisierung wird besonders durch die Sozialform der *Einzelarbeit* (Still-, Alleinarbeit) Rechnung getragen.

Sie muß als eine unverzichtbare Ergänzung der übrigen Sozialformen angesehen werden. Abgesehen von einer Entlastungs- oder Verlegenheitsfunktion (wenn der Lehrer mit einer einzelnen Schülergruppe arbeiten will, sonst wie beschäftigt ist, wenn Zeitdruck herrscht oder bei Zeitüberfluß die Hausaufgaben schon angefangen werden dürfen) sind folgende Gesichtspunkte ausschlaggebend:

a) Der Schüler kann aktiv sein (diese Möglichkeit ist bei der Lehrerdarbietung und beim Unterrichtsgespräch begrenzt).

b) Der Schüler muß selbständig arbeiten.

c) Einzelarbeit ist ein Tätigkeitswechsel (psychologischer Effekt).

d) Der Lernfortschritt kann überwacht werden (Selbstkontrolle, Lehrerkontrolle oder Partnerkontrolle).

e) Individuellem Arbeitsstil und Begabungsunterschieden kann Rechnung getragen werden.

f) Vielfältiger Medieneinsatz (Karteien, Programme) führt zu hoher Effektivität.

g) Einzelarbeit befreit zeitweise vom Zwang des streng organisierten Lernens beim Frontalunterricht.

Unterrichtsformen

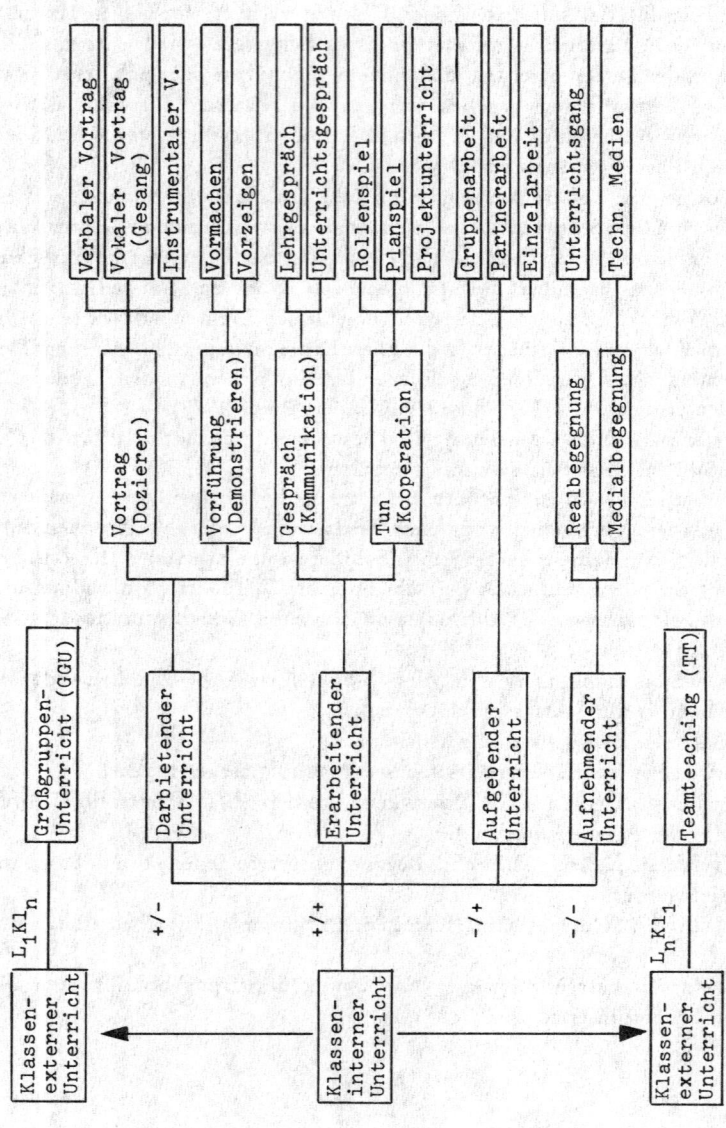

## Die Unterrichtsformen

Die traditionellen didaktischen Lehrbücher (sog. Unterrichtslehren) kennen seit langem den Begriff der Unterrichtsformen. Gemeint ist dabei die Gesamtkonstellation von Lehrer, Schülern und Lehrinhalt im Rahmen eines bestimmten methodischen Vorgehens. In einer ersten Unterscheidung sind zunächst klassenexterne (klassenüberschreitende) Unterrichtsformen abzutrennen, die in der flexiblen Differenzierung vorkommen, also Großgruppenunterricht (GGU) und Teamteaching (TT). Eine Haupteinteilung der klasseninternen Unterrichtsformen wird sodann nach der Verteilung der äußerlich sichtbaren Aktivität von Lehrer und Schülern getroffen:

1. Darbietender Unterricht (+/−). Vom Lehrer aus gesehen ist der Unterricht monologisch, deiktisch (vorzeigend), vom Schüler aus akroamatisch (aufmerksam zuhörend).
2. Erarbeitender Unterricht (+/+). Er wird auch dialogisch, katechetisch, erotematisch (fragend) oder sokratisch-mäeutisch (herausholend) genannt.
3. Aufgebender Unterricht (−/+). Da der Schüler selbsttätig arbeitet, heißt diese Unterrichtsform auch ergastisch.
4. Aufnehmender Unterricht (−/−). Auf einem Unterrichtsgang oder bei der Vorführung von Medien sind Lehrer und Schüler zeitweilig rezeptiv.

Die traditionellen Unterrichtsformen spiegeln das entfremdete Lernen im gegenwärtigen Schulsystem wieder, das nach PORTELE (in: Lehmann 1977) folgende Merkmale hat:

1. Es ist informationsärmer als die außerschulische Umwelt
2. Es besteht Mangel an verantwortungsvoller, produktiver Tätigkeit
3. Die Informationen sind an der Realität nicht geprüfte soziale Konstruktionen, an die man glauben muß.

Demgegenüber gewinnen neuere Unterrichtsformen an Bedeutung, wie Simulations- und Planspiele (Lehmann 1977) und Projektunterricht (Kaiser/Kaiser 1977), vor allem Möglichkeiten »offenen« Unterrichts (Freiarbeit, Wochenplanarbeit, Lernzirkel, Stationenlernen).

Von praktischen Gesichtspunkten abgesehen sind folgende Kriterien für die Wahl einer Unterrichtsform maßgebend:

1. *Lernzielorientierung:* Übereinstimmung zwischen Lernziel und Unterrichtsform
2. *Aktivierung:* Ausmaß der möglichen Schüleraktivität
3. *Individualisierung:* Differenzierungseffekt einer Unterrichtsform
4. *Sozialisierung:* Verfolgung sozialer Lernziele
5. *Variierung:* Überdrußvermeidung durch Tätigkeitswechsel.

| Kategorie | Reiz | | (Reflexion) | | Reaktion | |
|---|---|---|---|---|---|---|
| Psycholog. Grundvorgang | Reiz | | (Reflexion) | | Reaktion | |
| Physiolog. Bild | Einatmung | | (Atempause) | | Ausatmung | |
| Aristoteles | Wahrnehmung | | Verstand | | Streben | |
| Herbart | Klarheit | | Assoziation | System | Methode | |
| | *Vertiefung* | | | *Besinnung* | | |
| Ziller | Analyse | Synthese | Assoziation | System | Methode | |
| Rein | Vorberei-tung | Darbie-tung | Verknüpfung | Zusammen-fassung | Anwendung | |
| Dörpfeld | Anschauen | | Denken | | Anwenden | |
| Willmann | Auffassen / Empirisches Moment | | Verständnis / Rationales Moment | | Betätigung / Technisches Moment | |
| Eggersdorfer | Empirisches Erfassen | | Logisches Begreifen | | Praktisches Verfügen | |
| Roth | Motivation | Schwierig-keit | Lösungs-versuche | Tun und Ausfhrg. | Behalten und Einüben | Bereit-stellen übertragg. Integration |

»Artikulation« (Gliederung) des Unterrichts kann deskriptiv und präskriptiv gemeint sein: Zunächst ist es ein Mittel analysierenden Denkens, zeitliche Verläufe nach Stufen, Schritten oder Phasen zu gliedern, um sie besser durchschauen zu können (etwa bei der Unterrichtsbeobachtung). Dann aber können auch Handlungsanweisungen aufgestellt werden, wie zeitliche Verläufe optimaler zu planen und zu realisieren sind. Zu diesem letzgenannten Zweck wurden in der Didaktik immer wieder Artikulationsschemata ausgearbeitet und mehr oder weniger zur Forderung erhoben (und zumeist mit administrativen Mitteln durchgesetzt).

Ausgangspunkt für eine 175 Jahre dauernde Auseinandersetzung um das Für und Wider war die *Formalstufenlehre* von Johann Friedrich HERBART, die auf erkenntnistheoretischer Grundlage beruht und von seinen Schülern Tuiskon ZILLER und Wilhelm REIN erweitert und ausgearbeitet wurde.

Aus dem ursprünglichen zweiphasigen psychologischen Grundvorgang von Reizaufnahme und Reaktion wurde durch Zwischenschaltung eines Momentes der Reflexion ein Dreierschritt. Dem entsprechen heute systemtheoretisch Input, Vorgänge in der black box und Output, bzw. informationstheoretisch Informationsaufnahme, -verarbeitung und -reproduktion.

Bis zur Gegenwart wurde die herbartsche Formalstufenlehre zwar immer wieder heftig kritisiert, aber der Gedanke an allgemeingültige Verlaufsmuster des Unterrichts nie aufgegeben. So entstanden die verschiedensten Stufenlehren, die bis in die Gegenwart immer wieder modifiziert wurden. Auch im angelsächsischen Sprachraum (Welton, Dewey, Huxley, Allen) und im sozialistischen Bildungswesen gibt es entsprechende Konzepte. (Arnold in Vogel 1973, S. 27)

Die Annahme einer universellen Gliederung von Lernprozessen für alle Fächer und Lernziele bedeutet in jedem Fall eine unangemessene Verkürzung angesichts der Fülle der Möglichkeiten. Es wird nicht nur jedes Unterrichtsfach fachspezifische Verlaufsformen entwickeln müssen; auch die besondere Struktur der Lernaufgabe zwingt zu einer differenzierten Betrachtungsweise. Endlich setzt der Zeitfaktor der Anwendung eines Artikulationsschemas Grenzen: einzelne der Stufen (z. B. Problembegegnung, Versuch, Übung, Faktensammeln) können länger dauern als *eine* Unterrichtsstunde.

Was bleibt, ist die Erkenntnis, daß es für Planung und Analyse zweckmäßig ist, den Stundenverlauf zu strukturieren. Ungegliederte Stunden ohne Wechsel der Lehr- und Lernaktivitäten und der Sozialform sind zumeist langweilig und körperlich und psychisch eine Überforderung. Ein Artikulationsschema kann hier heuristische Funktion erfüllen, nämlich Gliederungsgesichtspunkte zu finden.

# Die Lernstufen nach Heinrich Roth

| Stufe/Lernart | unbewußt | bewußt | vermittelt |
|---|---|---|---|
| 1 Motivation | Eine Handlung kommt zustande. | Ein Lernwunsch erwacht. | Ein Lernprozeß wird angestossen. Eine Aufgabe wird gestellt. Ein Lernmotiv wird erweckt. |
| 2 Schwierigkeit | Die Handlung gelingt nicht. Die zur Verfügung stehenden Verhaltens- und Leistungsformen reichen nicht aus bzw. sind nicht mehr präsent. Ringen mit den Schwierigkeiten. | Die Übernahme oder der Neuerwerb einer gewünschten Leistungsform in den eigenen Besitz macht Schwierigkeiten. | Der Lehrer entdeckt die Schwierigkeiten der Aufgabe für den Schüler bzw. die kurzschlüssige oder leichtfertige Lösung des Schülers. |
| 3 Lösungsversuche | Ein neuer Lösungsweg zur Vollendung der Handlung oder zur Lösung der Aufgabe wird durch Anpassung, Probieren oder Einsicht entdeckt. | Die Übernahme oder der Neuerwerb der gewünschten Leistungsform erscheint möglich und gelingt mehr und mehr. | Der Lehrer zeigt den Lösungsweg oder läßt ihn finden. |
| 4 Tun und Ausführung | Der neue Lösungsweg wird aus- und durchgeführt. | Die neue Leistungsform wird aktiv vollzogen und dabei auf die beste Form gebracht. | Der Lehrer läßt die neue Leistungsform durchführen und ausgestalten. |
| 5 Behalten und Einüben | Die neue Leistungsform wird durch den Gebrauch im Leben verfestigt oder wird vergessen und muß immer wieder neu erworben werden. | Die neue Verhaltens- oder Leistungsform wird bewußt eingeübt. Variation der Anwendungsbeispiele. Erprobung durch praktischen Gebrauch. Verfestigung des Gelernten. | Der Lehrer sucht die neue Verhaltens- oder Leistungsform durch Variation der Anwendungsbeispiele einzuprägen und einzuüben. Automatisierung des Gelernten. |
| 6 Bereitstellen, Übertragung, Integration des Gelernten | Die verfestigte Leistungsform steht für künftige Situationen des Lebens bereit oder wird in bewußten Lernakten bereitgestellt. (Siehe dann die Schritte 5 und 6 bei Lernart II.) | Die eingeübte Verhaltens- oder Leistungsform bewährt sich in der Übertragung auf das Leben oder nicht. | Der Lehrer ist erst zufrieden, wenn das Gelernte als neue Einsicht, Verhaltens- oder Leistungsform mit der Persönlichkeit verwachsen ist und jederzeit zum freien Gebrauch im Leben zur Verfügung steht. Die Übertragung des Gelernten von der Schulsituation auf die Lebenssituation wird direkt zu lehren versucht. |

Ein neueres und viel verwendetes Artikulationsschema stammt von Heinrich ROTH. Es beruht auf einem lernpsychologischen Ansatz und führt ausdrücklich das Konzept von Walter GUYER weiter.

Guyer hatte folgende sechs Schritte unterschieden:

1. Erstes den Lerngegenstand »angehendes« Tun
2. Innewerden der Widerstände im Lerngegenstand
3. Heranziehen des vorhandenen Wissens und Könnens zur Korrektur des ersten Tuns
4. Wiederholung des ersten Tuns als zweites angepaßtes Tun
5. Übung dieses Tuns unter Vermeidung der vorher gemachten Fehler
6. Gewöhnung als Anpassung an die Gesamtsituation.

ROTH hat die sechs Lernstufen übernommen und weiter ausgestaltet. Und zwar hat er dabei drei »Lernarten« unterschieden: Unbewußtes Lernen (gelegentliches, natürliches, zufälliges, bei ROTH »indirektes« Lernen), bewußtes Lernen (beabsichtigtes, aber selbständiges, bei ROTH »direktes« Lernen) und vermitteltes (angeleitetes Lernen, bei ROTH Lernen »beim Lehren«).

Auf jeder Stufe sind spezifische Lernhilfen zu geben: Hilfen zur Motivierung, zum Überwinden von Lernschwierigkeiten, zum Finden von Lösungen, zum Tun und Ausführen, zum Behalten und Einüben und Hilfen zu Bereitstellung, Übertragung und Integration des Gelernten.

Das Lernstufenschema von ROTH hat sich als vielfach hilfreich erwiesen. Da es auf dem natürlichen Lernvorgang aufbaut, durchbricht es z. T. den Zirkel anderer Konzepte, die von vorfindlichem Unterricht ausgehen und wieder in ihn einmünden, ihn dadurch perpetuierend. Trotzdem darf auch hier eine generelle Problematik nicht übersehen werden:

Erstens gilt dieses Schema nur für einen bestimmten Stundentypus – den problemorientierten Unterricht, vor allem in den Sachfächern – und auch hier nur für herausgehobene Stunden: Einführungsstunden, Vorführungsstunden, Schaustunden, die Eindruck machen sollen.

Zweitens werden einzelne Stufen die Dauer einer Unterrichtsstunde übersteigen oder mehrmals in einer Stunde vorkommen, so etwa in Stunden mit mehreren Teilzielen. Die erste Stufe »Motivation« greift zudem auf einen psychologischen Faktor zurück, der öfter im Stundenverlauf zu berücksichtigen ist (Anfangs- und Dauermotivation). Dies trifft auch für die anderen Stufen zu, so daß diese gleichzeitig auch als Unterrichtsprinzipien begriffen werden müssen.

Das Stundenprofil

Beispiel: Problemorientierter Gruppenunterricht

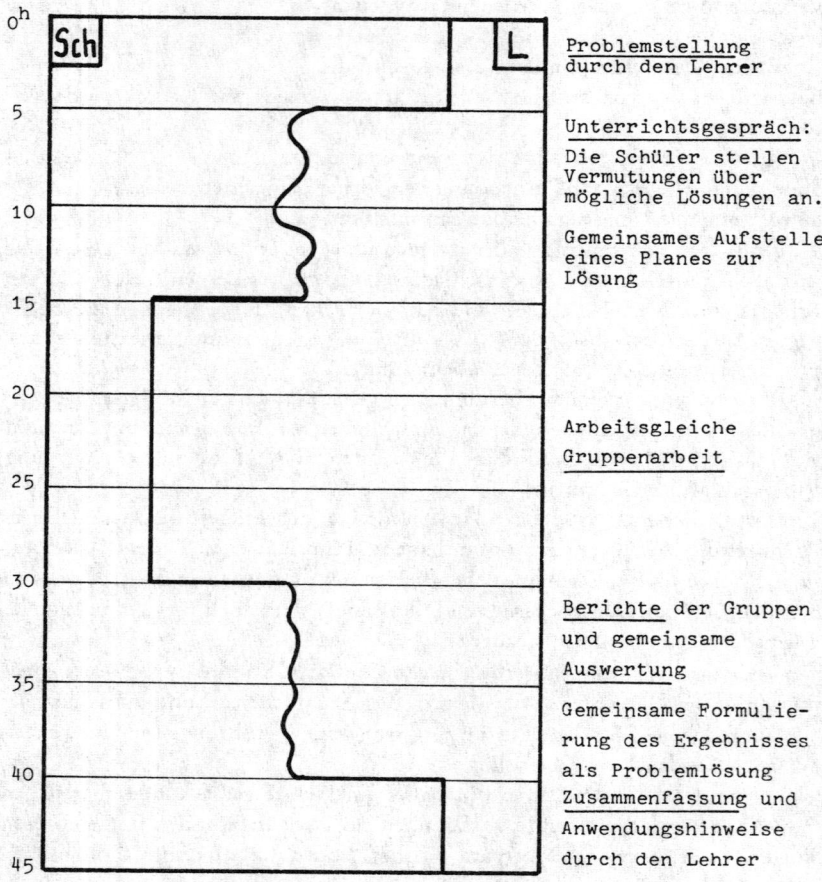

Problemstellung
durch den Lehrer

Unterrichtsgespräch:

Die Schüler stellen
Vermutungen über
mögliche Lösungen an.

Gemeinsames Aufstellen
eines Planes zur
Lösung

Arbeitsgleiche
Gruppenarbeit

Berichte der Gruppen
und gemeinsame
Auswertung

Gemeinsame Formulie-
rung des Ergebnisses
als Problemlösung
Zusammenfassung und
Anwendungshinweise
durch den Lehrer

Unter Artikulation hatten wir die Stufung oder auch Gliederung des Unterrichts verstanden. Sie dient dazu, die vielen methodischen Einzelmaßnahmen in eine sinnvolle und zweckentsprechende Ordnung zu fügen, um zu vermeiden, daß die einzelnen Elemente des Unterrichtsverlaufes ziel- und zusammenhanglos nebeneinander stehen. Sie soll vielmehr Kriterium einer zieladäquaten Verlaufsform der Unterrichtseinheit sein. Artikulation ist also kurz eine Gliederung zum Zwecke der Deutlichkeit.

Nach einer Zeit der Methodengläubigkeit und Formalstufenhörigkeit kann man nun z. T. eine methodische Unsicherheit und Verwilderung feststellen, eine Geringschätzung, ja Verachtung der »Lehrkunst«. Demgegenüber muß man betonen, daß auch im Unterricht der Mißbrauch den rechten Gebrauch nicht aufhebt. In diesem Sinne schreibt Kretschmar:

»Da kommt das Neue ohne Zielangabe, ohne Geheimnis, ohne rechte Vorbereitung lustlos daher, wird ohne Gefühl für Raum und Zeit wie eine lieblose Mahlzeit vorgesetzt und ebenso lieblos abgemacht. Die Stunde verläuft ohne Schwung, ohne rechten Höhepunkt, ohne inneren Rhythmus, bricht mitten in der höchsten Spannung ab, wenn so etwas überhaupt erreicht wurde oder versandet bei viel zu weit nach vorn gelagerten Höhepunkten in begrifflicher Wüste« (in: Stöcker 1954).

Ein diagnostisches Hilfsmittel zur Beurteilung des Gesamtcharakters einer Unterrichtsstunde könnte das hier vorgestellte Stundenprofil sein. Es zeigt grafisch die Verteilung der Aktivitäten von Lehrer und Schülern nach Art eines Fahrtenschreibers in zeitlicher Abfolge. Die Kurve verläuft bei Lehrerdarbietungen (z. B. Problem- oder Zielangabe) auf der Seite des Lehrers, bei Schülertätigkeit (Einzel-, Partner-, Gruppenarbeit) auf der Schülerseite. Bei den verschiedenen Gesprächsformen pendelt die Kurve um die Mittellinie. Eine Fortsetzung der Schüleraktivität über die Unterrichtzeit hinaus in Form der Hausaufgabe kann ebenfalls dargestellt werden.

Das Stundenprofil gibt noch keine Kriterien ab für die Qualität und Effektivität einer Unterrichtsstunde. Es läßt aber erkennen, ob die Stunde gestaltet ist und durch einen Wechsel der Sozialformen den verschiedenen didaktisch-methodischen und psychologischen Prinzipien (Aktivität, Individualisierung, Kooperationsfähigkeit, Rezeptivität und Produktivität etc.) Rechnung trägt.

Verschiedene Stundenprofile

Individuelles Gestalten
in Kunsterziehung:

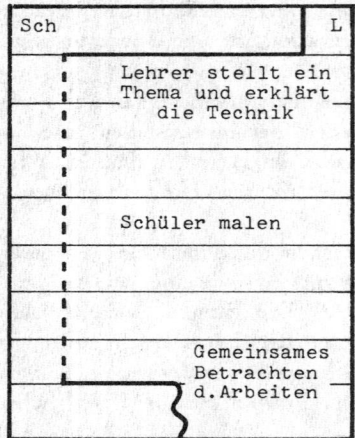

"Typische" Katechese im
Religionsunterricht:

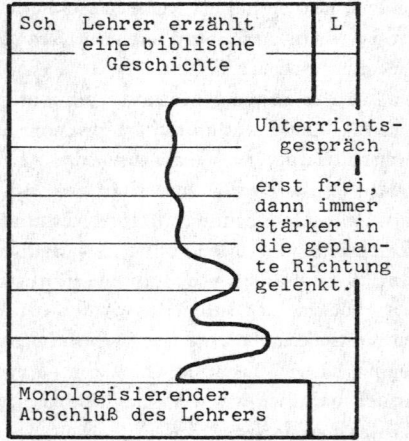

Arbeitsteiliger Gruppen-
unterricht in Geographie:

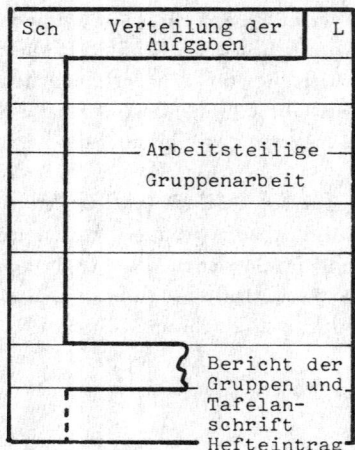

Einübender unterricht
in Mathematik:

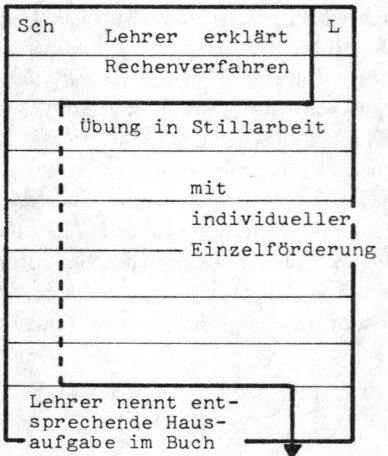

Ein Stundenprofil zeigt den Gesamtcharakter einer Unterrichtsstunde hinsichtlich der Verteilung der Aktivitäten von Lehrer und Schülern in Korrelation mit
der zeitlichen Abfolge. Nebenstehend sind zur Verdeutlichung einige solcher
Stundenprofile skizziert. Sie zeigen, wie verschieden Stunden verlaufen können
und daß Formalstufenschemata kaum anwendbar sind. Nach ihrer *Hauptver-
laufsform* könnte man vielmehr Typen abstrahieren wie: Einführungsstunde,
Übungsstunde, Wiederholungsstunde, Gruppenunterricht, Diskussionsstunde,
Projekt, Planspiel, Orientierungsstunde, Experiment, Beobachtung, Vergleich
mitgebrachter oder gesammelter Objekte bzw. Informationen .. Viele dieser
Profile haben noch keinen Namen oder können nur in einem umständlichen
Ausdruck beschrieben werden; aber sie sind durchführbar und fixierbar.

Was man außer diesem namengebenden Hauptteil noch als durchgehende Stufe
herausheben könnte, wäre die – nach de CORTE (1975) – sogenannte *»Anfangssituation«*. Ihr wird man auch besondere Aufmerksamkeit widmen müssen, sei
sie auch noch so kurz. In der Literatur zur Vorbereitung des Unterrichts wird
hier meist von »Einstieg« gesprochen. Je nach Funktion und Inhalt handelt es
sich dabei um eine Hinführung, Anknüpfung, Einstimmung oder direkte Problemangabe. In der Regel bemüht man sich hier um besonders starke Motivation
(Aufzeigen eines Problems, einer Aporie, einer Schwierigkeit, einer Wissens-
oder Könnenslücke, die durch Störung der Homöostase eine Spannung und damit einen Drang nach Lösung hervorrufen soll), muß sich aber wohl vor Künste-
leien hüten; denn erstens ist ja der Schüler schon durch den Schulbesuch auf
Lernen eingestellt und zweitens verlieren übertriebene Motivierungsformen
(Rätsel, Witz, Gag etc.) sehr bald ihre Wirkung und zeigen um so stärker die
Nichtigkeit oder Lebensferne des Themas. Deshalb ist mehr Sorgfalt auf Wek-
kung einer Dauermotivation zu legen, die letzlich auf die lebenspraktische
Bedeutung abhebt.

Nicht so klar tritt die *»Endsituation«* zu Tage. Sie kann aus der Lösung eines
Problems bestehen, aus Überlegungen zur Anwendung oder Übertragung eines
Wissens oder aus einer Zusammenfassung (Wiederholung, Fixierung von Ergeb-
nissen). Eine Erfolgskontrolle wird nicht generell durchzuführen sein (im Eng-
lischunterricht z. B. gibt es permanente Kontrollen), wäre aber nach der didaktischen Theorie ein wesentliches Erfordernis (Rückkopplung!).

Der „Erfahrungskegel" von E. Dale

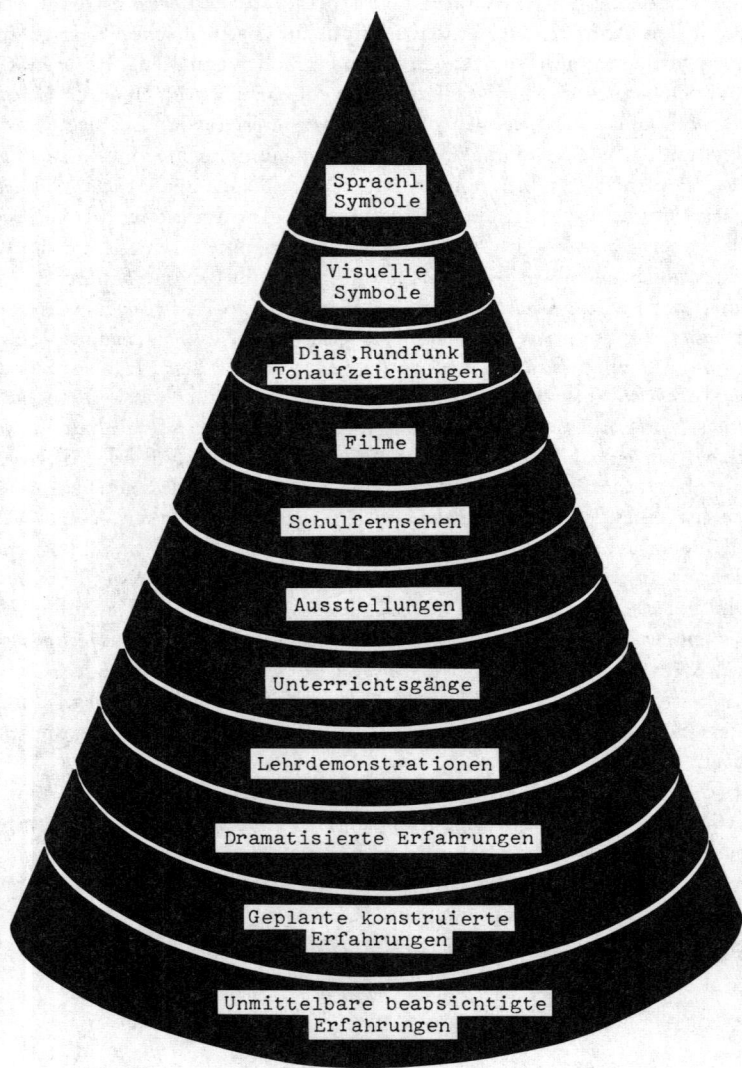

Sprachl. Symbole

Visuelle Symbole

Dias, Rundfunk Tonaufzeichnungen

Filme

Schulfernsehen

Ausstellungen

Unterrichtsgänge

Lehrdemonstrationen

Dramatisierte Erfahrungen

Geplante konstruierte Erfahrungen

Unmittelbare beabsichtigte Erfahrungen

Unterrichtsmittel sind Gegenstände, die neben Lehrer und Schülern am Lernprozeß beteiligt sind. Im Anschluß an DÖRING (1969) kann folgende Einteilung vorgenommen werden:

1. Schulausstattung: Mobiliar, Geräte, Instrumente, hard ware für die projektionsbedürftigen Medien
2. Verbrauchsmaterial: Schreib-, Zeichen- und Malmaterial, Werk- und Laborbedarf
3. Arbeitsmittel (Lernmittel für die Hand des Schülers): Spiel-, Bearbeitungs- und Memoriermittel, Einzelarbeitsanweisungen (Karteien, Programme)
4. Lehrmittel: Anschauungsmaterial, Anschauungsmittel und Druckerzeugnisse.

Die Einbürgerung des Wortes »Medien« ist für didaktische Zwecke nicht sehr hilfreich. Erstens ist es schon als Kurzform für »Massenmedien« belegt und zweitens ist es in der Informationstheorie (→ Informationstheoretische Didaktik) als »Träger von Informationen« definiert, was eine unzweckmäßige Ausweitung auf Lehrersprache, -mimik und -gestik zur Folge hätte.

Zu den Lehrmitteln rechnet man zunächst reale Gegenstände, die als Anschauungsmaterial für den Unterricht dienen, also Natur- und Kulturobjekte. Man sucht sie auf (Unterrichtsgang, Besichtigung) oder stellt sie im Unterricht bereit. Anschauungsmittel sind Repräsentanten von Realsituationen; sie geben immer nur einen Teil der Wirklichkeit wieder. Symbole (sprachliche, mathematische oder grafische Zeichensysteme) endlich enthalten keinerlei Informationen über die Wirklichkeit mehr und können nur der Verständigung dienen, wenn Sender und Empfänger den gleichen Zeichenvorrat besitzen, die Symbole also deuten (verstehen) können.

In diesem Sinne unterscheidet auch der vielzitierte »Cone of experience« von Edgar DALE (1969) drei Formen von Erfahrung:

1. Handlungsbezogene Erfahrungen (Unterrichtsgänge, Experimente, Rollen- und Planspiele)
2. Bildliche Erfahrungen (Anschauungsmittel)
3. Symbolische Erfahrungen (Sprachliche, mathematische und grafische Zeichen).

Eine pragmatische Ordnung der Unterrichtsmittel hat die Medienproduktion erstellt. Es handelt sich um die nach der Dezimalklassifikation aufgebaute »Nomenklatur des Deutschen Lehrmittelverbandes«, wie sie in den Katalogen der Lehrmittelmesse »didacta« verwendet wird. Sie ist mindestens dazu im Stande, auf die Vielfalt der Möglichkeiten des Unterrichtsmitteleinsatzes hinzuweisen und als ein Gliederungsvorschlag instruktiver als die reine Aufzählung in der »checklist of learning resources« von P. BURNHAM (1967). Wir geben diese Nomenklatur auf den folgenden beiden Seiten wieder.

## Nomenklatur des Deutschen Lehrmittelverbandes

1. *Allgemeine Schulausstattung* und Fachraumeinrichtungen
1.1 Allgemeine Schulausstattung (Beleuchtung. Verdunklung. Raumpflege. Automaten für Schulverpflegung und Zubehör)
1.2 Geräte der Büro- und Informationstechnik (Administration, Organisation, Dokumentation)
1.3 Raumteiler, Großraumbestuhlung
1.4 Kindergarten- und Schulmöbel
1.5 Fachraumeinrichtungen (Labor, Nähen, Werken, Maschinenschreiben)
1.6 Schultafeln und Zubehör
1.7 Medienschränke, Vitrinen
1.8 Musikinstrumente, Musikschränke
1.9 Medienzentren
1.10 Sonstige Schulausstattung
2. *Verbrauchermaterialien*
2.1 Schreibwaren, Bürobedarf
2.2 Materialien für Handarbeiten und künstlerisches Werken
2.3 Mathematische und Zeicheninstrumente
2.4 Materialien für technisches Werken
2.5 Laborbedarf
2.6 Musikalien (Noten, Medien)
2.7 Sonstige Verbrauchermaterialien
3. *Demonstrations- und Experimentalgeräte*
3.1 Geräte für die Hand des Lehrers
3.2 Geräte für die Hand des Schülers
3.3 Naturwissenschaftliche Unterrichtswerke im Medienverbund
3.4 Waagen und Meßgeräte
3.5 Optische Instrumente
3.6 Sonstige Demonstrations- und Experimentalgeräte
4. *Sammlungen und Modelle*
4.1 Fossilien-, Gesteins- und Mineraliensammlungen
4.2 Technologische Sammlungen
4.3 Präparate
4.4 Modelle
5. *Wandkarten, Wandbilder, Hafttafeln* und Zubehör
5.1 Wandkarten
5.2 Wandbilder, Bildtafeln, Friese, Reliefs
5.3 Hafttafeln (Stahl-, Magnet-, Flanell-, Kork-, Klettentafeln)
5.4 Haftarbeitsmittel

Medienanalyse nach Anschauung und Abstraktion (Aschersleben 1974)

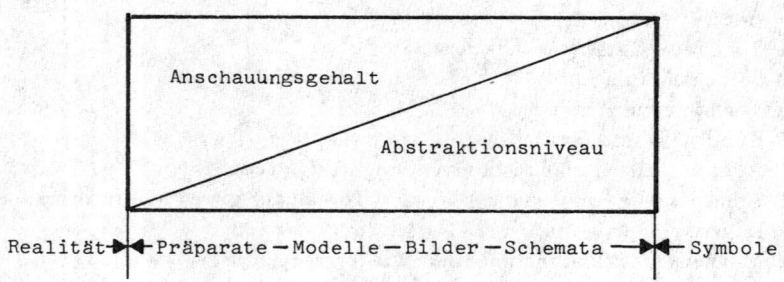

Mediale Transformationen (König/Riedel 1973)

|  | Zielbereich | | |
|---|---|---|---|
| Ausgangs-bereich | Realität | Abbildungen | Symbole |
| Realität | Realität umformen *(zB Vorgang verändern)* | Realität abbilden *(zB Vorgang zeichnerisch wiedergeben)* | Realität in Zeichen umsetzen *(zB Vorgang beschreiben)* |
| Abbildungen | Abbildungen realisieren *(zB gezeichneten Vorgang ausführen)* | Abbildungen umformen *(zB Zeichnungen verändern)* | Abbildungen in Zeichen umsetzen *(zB gezeichneten Vorgang beschreiben)* |
| Symbole | Zeichen realisieren *(zB beschriebenen Vorgang ausführen)* | Zeichen in Abbildungen umsetzen *(zB beschriebenen Vorgang zeichnen)* | Zeichen umformen *(zB Zeichensystem wechseln)* |

## Die Wirklichkeitsrepräsentation der Medien

Einen Teil der Unterrichtsmedien kann man nach dem Grad ihrer Wirklichkeitsrepräsentation in eine stimmige Ordnung bringen. So stellt neben E. DALE auch Karl ASCHERSLEBEN (1974) eine Reihe der Medien auf, die bei abnehmenden Anschauungsgehalt (wohl besser: Anschaulichkeitsgehalt) ein steigendes Abstraktionsniveau zeigt.

In Fortführung dieses allgemein akzeptierten Gedankens muß man also zwei Funktionen eines Mediums unterscheiden:

1. *Die repräsentierende und identifizierende Funktion:* Jedes Medium weist auf bestimmte Merkmale des wirklichen Gegenstandes oder Phänomens (Vorganges) hin und verhilft so zu dessen Kennzeichnung (= Identifikation).

2. *Die distanzierende und isolierende Funktion:* Jedes Medium verhilft eben dadurch, daß es andererseits einzelne Merkmale des Gegenstandes oder Phänomens *nicht* repräsentiert, zur Bildung einer Theorie oder eines Modells der Wirklichkeit. Das Phänomen nimmt uns nicht mehr in seiner Totalität gefangen, sondern wird distanziert im Hinblick auf bestimmte Merkmale betrachtet

Diese zweite Funktion wird in der unterrichtspraktischen Literatur häufig übersehen, dann nämlich, wenn von Medien als »Surrogat« und »kümmerlicher Ersatz« gesprochen wird. Medien haben demgegenüber eine eminent positive Funktion zu erfüllen und werden im Unterricht nicht lediglich dann eingesetzt, wenn die Vollwirklichkeit nicht verfügbar ist, sondern wenn Anschauungen über diese Wirklichkeit gebildet oder vermittelt werden sollen. Diesen Gesichtspunkt würde das doppeldeutige Wort »Anschauungsmittel« ausdrücken. (Mittel, die man anschauen kann, und Mittel zur Bildung von Anschauungen).

Plaziert man die Unterrichtsmedien zwischen der Realität und den verschiedenen Zeichensystemen, dann ergibt sich als neues didaktisches Problem die Transformation innerhalb dieser drei Bereiche. Darauf haben KÖNIG/RIEDEL (1973) hingewiesen und eine Matrix zur Bestimmung der neun medialen Transformationen zwischen dem realen, dem ikonischen (bildhaften) und nicht-ikonischen (symbolischen) Bereichen erstellt. Hieraus ergibt sich ein wichtiges formales Lernziel.

Entsprechend der Bedeutung von Veranschaulichungsmitteln für den Lernprozeß hat die Didaktik als einen der ersten Unterrichtsgrundsätze das *Anschauungsprinzip* aufgestellt. Außer der im Vorwort zitierten »Goldenen Regel« von COMENIUS (1630) wäre hier auch an den grundlegenden Satz PESTALOZZIS (1800) zu denken: »Die Anschauung ist das eigentliche wahre Fundament des menschlichen Unterrichts«.

Anschauungsmittel

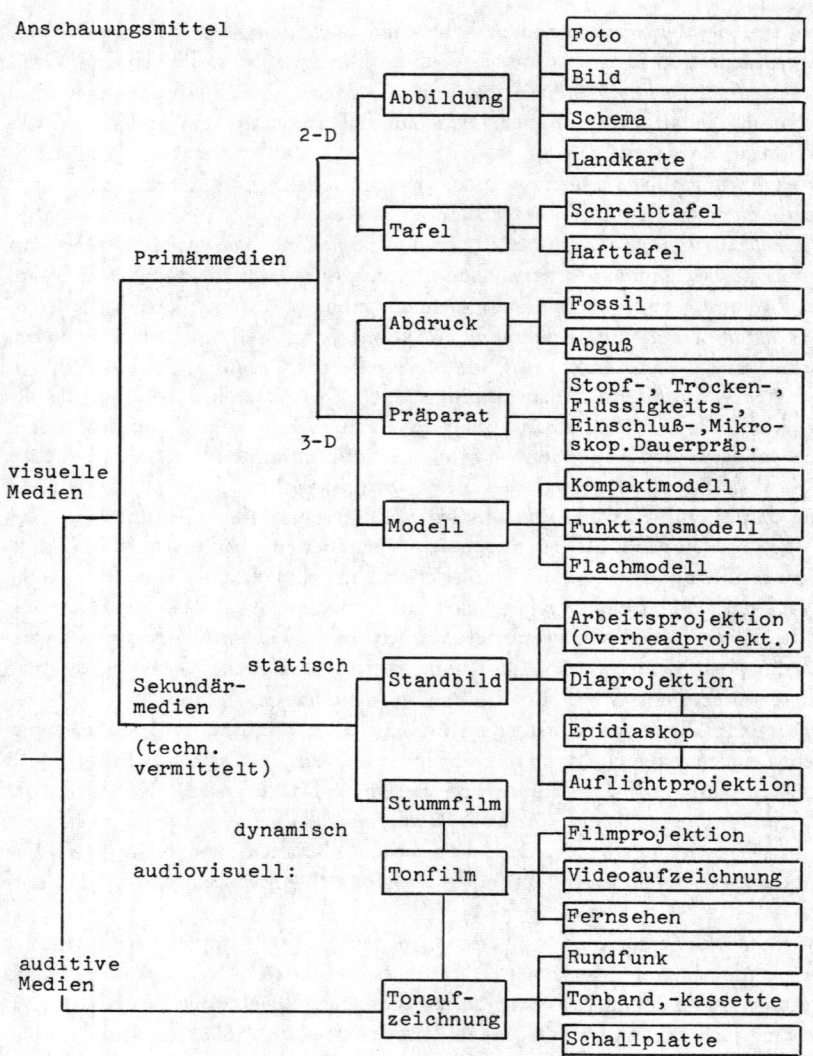

Eine didaktische Theorie der Unterrichtsmittel hat drei Fragenkreise zu bearbeiten:
1. Die *Einteilung* der Anschauungsmittel. Sie wird nach der Art und dem Grad der Wirklichkeitsrepräsentation getroffen.
2. Die *Medienanalyse*. Für jedes einzelne Anschauungsmittel ist zu bestimmen, was es im Hinblick auf ein Lernziel leisten kann und inwieweit es durch andere Medien ergänzt werden muß.
3. Der *Medienverbund*. Nach ORTNER (1975) sind aus dem Gesamtinstrumentarium Anschauungsmittel, Realobjekte und sprachliche Materialien auszuwählen und sinnvoll zu kombinieren. Bei jedem Medium ist zu fragen, ob es vorhanden (beschaffbar), lernzielorientiert und schüleradäquat ist. Nach diesem Filtervorgang entsteht ein Medienpaket, das neben den anderen methodischen Faktoren den Lernprozeß bestimmt.
Vgl. MEMMERT (1976) und PROTZNER (1977)!

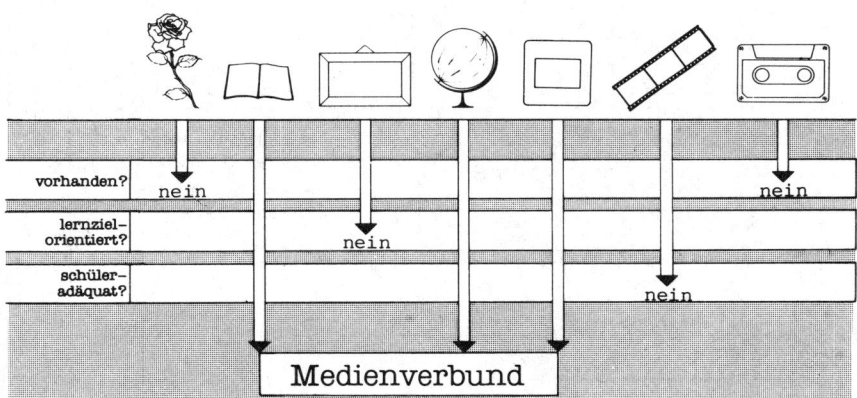

Aus: Memmert, Lernbehindertendidaktik: Biologie/Sexualerziehung, Kurseinheit 1, Fernuniversität Hagen 1980, S. 42

87

Die Strategie der Unterrichtsvorbereitung

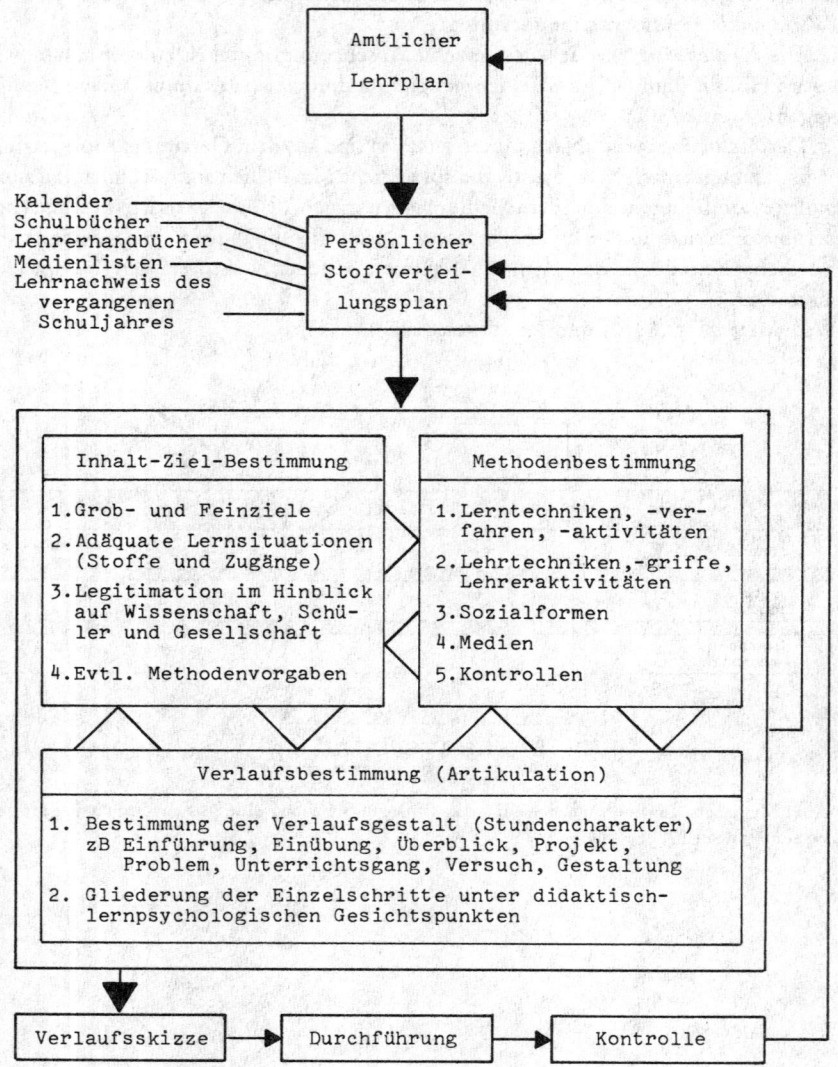

Jede didaktische Theorie hat sich letztlich in der Unterrichtspraxis zu bewähren und konkrete Anweisungen für die Planung zu liefern. So kann man etwa seinen Unterricht »nach Klafki« (Bildungstheoretische Didaktik) oder »nach Schulz« (Lerntheoretische Didaktik) planen oder auf eine der vielen aus der Schulpraxis hervorgegangenen Hilfen zurückgreifen. Nach welchem Vorschlag man sich richtet, ist letztlich nicht entscheidend, wenn man nur keinen unterrichtskonstituierenden Aspekt übersieht; denn alle Unterrichtsfaktoren – das wird durchwegs gesehen – sind interdependent. Mit welchem Aspekt man beginnt und welche Reihenfolge man wählt, man wird jeden Entscheidungsschritt rückkoppeln müssen.

In unserem strategischen Schema wird davon ausgegangen, daß eine Unterrichtsstunde selten isoliert zu planen ist, sondern auf zwei Vorentscheidungen beruht: dem *amtlichen Lehrplan* und dem daraus erstellten *persönlichen Stoffverteilungsplan* für ein Schuljahr. Diese beiden Entscheidungen werden nochmals kritisch überprüft, wenn sich bei der Planung einer einzelnen Unterrichtsstunde während des Schuljahres die Notwendigkeit dazu ergibt.

Die Planung einer einzelnen Stunde wird drei Aspekte zu bedenken haben: Die *Zielbestimmung*, die *Methodenbestimmung* und die *Verlaufsbestimmung*. Was inhaltlich darunter zu verstehen ist, zeigt die nebenstehende Skizze, bzw. wurde in den vorausgegangenen Kapiteln näher ausgeführt.

1. Die Zielbestimmung

Es wird festgelegt, welche Qualifikationen vom Schüler nach Beendigung des Lernprozesses erwartet werden und durch welche Indikatoren das Ergebnis überprüft werden soll. Zu den Fachlernzielen kommen noch fächerübergreifende (Arbeitshaltungen, soziale Lernziele).

2. Die Methodenbestimmung

Hier ist zu fragen, was die Schüler tun müssen, um das gesteckte Ziel zu erreichen, welche zusätzlichen Hilfen der Lehrer zu geben hat, wie beider Aktivitäten zu koordinieren sind, welche Medien eingesetzt und welche Kontrollmaßnahmen getroffen werden sollen.

3. Die Verlaufsbestimmung

Nach Maßgabe des spezifischen Stundencharakters müssen endlich die didaktischen Einzelschritte zielorientiert geordnet werden.

Die einzelnen Entscheidungen bei der Unterrichtsplanung richten sich nach didaktisch-methodischen Grundsätzen (Unterrichtsprinzipien), die sorgfältig gegeneinander abzuwägen sind. Dabei werden meist Alternativentwürfe produziert. Nach JEZIORSKY (1968) bemißt sich die Qualität des Unterrichts u. a. an einer möglichst großen Auswahl unter solchen Alternativen.

Das Rechtfertigungsverfahren für Unterrichtsziele

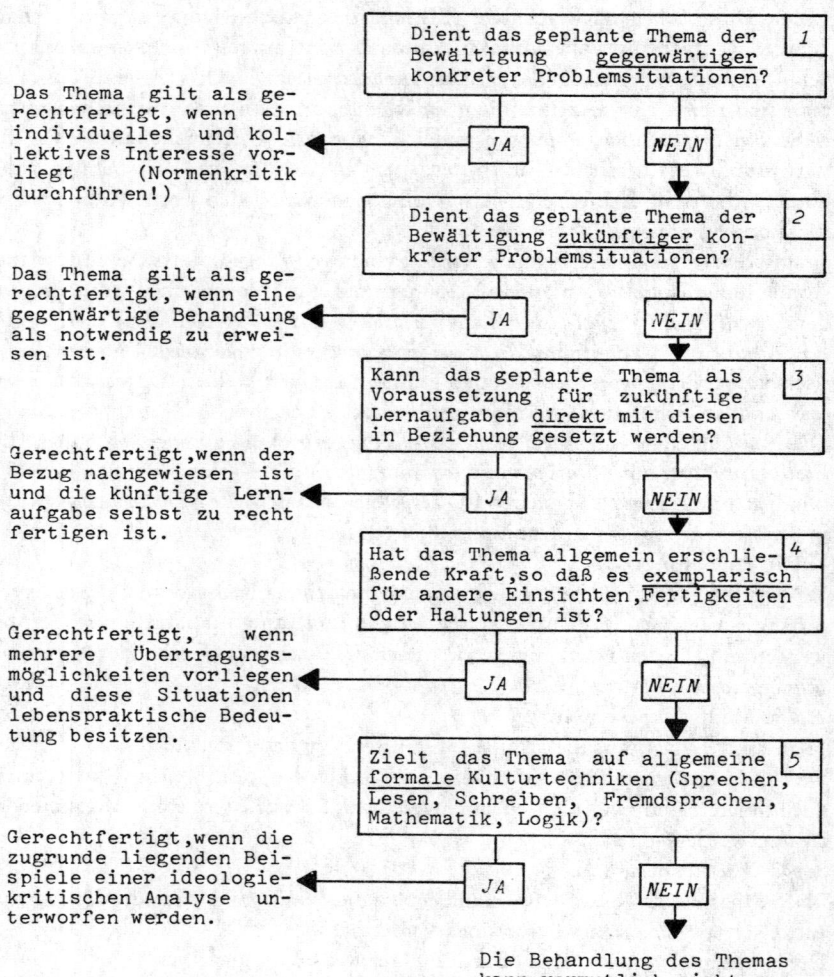

Das Thema gilt als ge-
rechtfertigt, wenn ein
individuelles und kol-
lektives Interesse vor-
liegt (Normenkritik
durchführen!)

Dient das geplante Thema der
Bewältigung gegenwärtiger
konkreter Problemsituationen? 1

JA    NEIN

Das Thema gilt als ge-
rechtfertigt, wenn eine
gegenwärtige Behandlung
als notwendig zu erwei-
sen ist.

Dient das geplante Thema der
Bewältigung zukünftiger konkreter Problemsituationen? 2

JA    NEIN

Gerechtfertigt,wenn der
Bezug nachgewiesen ist
und die künftige Lern-
aufgabe selbst zu recht
fertigen ist.

Kann das geplante Thema als
Voraussetzung für zukünftige
Lernaufgaben direkt mit diesen
in Beziehung gesetzt werden? 3

JA    NEIN

Gerechtfertigt, wenn
mehrere Übertragungs-
möglichkeiten vorliegen
und diese Situationen
lebenspraktische Bedeu-
tung besitzen.

Hat das Thema allgemein erschlie-
ßende Kraft,so daß es exemplarisch
für andere Einsichten,Fertigkeiten
oder Haltungen ist? 4

JA    NEIN

Gerechtfertigt,wenn die
zugrunde liegenden Bei-
spiele einer ideologie-
kritischen Analyse un-
terworfen werden.

Zielt das Thema auf allgemeine
formale Kulturtechniken (Sprechen,
Lesen, Schreiben, Fremdsprachen,
Mathematik, Logik)? 5

JA    NEIN

Die Behandlung des Themas
kann vermutlich nicht ge-
rechtfertigt werden.

Schon 1925 schrieb der sozialistische Pädagoge Siegfried BERNFELD vom »Inhaltsfehler der Didaktik«: »Da denkt, schreibt, experimentiert, agitiert sie redlich und fleißig – und sieht nicht, daß ihr Tun unnütz ist, weil es am falschen Ort geschieht«. Seitdem haben die Didaktiker immer wieder von den Lehrern gefordert, sich nicht als bloße Erfüller der Forderungen des Lehrplans zu verstehen, sondern auch die vermittelten Inhalte verantwortlich mitzutragen. In diesem Sinne hatte auch KLAFKI (1958) seine fünf Fragen der Didaktischen Analyse (s. d.!) formuliert.

Wo es noch traditionelle Lehrpläne gibt, könnte man die Frage der Legitimation von Unterricht vielleicht noch dem persönlichen Engagement vorbehalten. Lehrpläne auf curricularer Basis jedoch enthalten die Evaluation als konstituierenden Faktor und erwarten – mindestens als Lippenbekenntnis, falls institutionalisierte Rückmeldungskanäle fehlen – ein Feed back aus der Praxis.

Wir würden also als wesentlichen Bestandteil der Unterrichtsvorbereitung so etwas wie ein Rechtfertigungsverfahren für Inhalte, Ziele und Methoden ansetzen, das plausibel machen soll, warum dieses geplante Thema lernenswert sein soll. Wenn wir die Schule als Einrichtung der Gesellschaft hinsichtlich des enormen Aufwandes (Kosten) und Eingriffes in die persönliche Freiheit (Schulpflicht) ernst nehmen, können wir nur gravierende Rechtfertigungsgründe zulassen. Es muß um eine existentielle Notwendigkeit gehen, um Probleme, die unser Überleben gefährden – und nicht um interessantes Hobbywissen.

POSTMAN/WEINGARTNER (1972) haben einige solcher Probleme zusammengestellt: Geisteskrankheiten, Kriminalität, Selbstmorde, Geschädigte Kinder, Kindsmißhandlungen, Nachrichtenmanipulation, Sexualität, Drogen, Bevölkerungsexplosion, Geburtenkontrolle, Abtreibung, Wohnungsbau, Parkproblem, Umwelt- und Energiekrise, Atombombe, Kriege.

Wenn wir also annehmen wollen, daß die Erziehung und speziell die Schule zur Lösung von Problemen beitragen kann, dann sollten wir Prioritäten setzen und die Dringlichkeit von Unterrichtszielen kritisch überprüfen. Ausschlaggebend sind Lebenssituationen, zu deren Bewältigung verholfen werden soll und die z. T. stellvertretend für die Betroffenen (Gesellschaft, Schüler, Eltern), z. T. mit ihnen zu bestimmen sind. Wo keine primäre Rechtfertigung möglich ist (Frage 1 und 2), muß unter Anlegen eines strengeren Maßstabes *sekundär* gerechtfertigt werden (Frage 3 bis 5).

Die schriftliche Unterrichtsvorbereitung

Analyse des Themas

1. Fachwissenschaftliche Analyse
   (Grundlegender Sachverhalt in wissenschaftlicher Sicht)
2. Didaktische Analyse
   (Das Thema wird präzisiert und als lernenswert ausgewiesen)
3. Methodische Analyse
   (Begründung der methodischen Hauptschritte, eventuell mit
   Abwägen von Alternativen)

Verlaufsskizze

| Zeit | Verlauf | Did.-meth. Kommentar |
|---|---|---|
| 5 | Stufe 1 (zB Einstieg) <br><br> L:         Sch: <br> (Lehreraktivität) (Schüleraktivität) <br><br> Z:    Z i e l a n g a b e <br><br> T:  T a f e l a n s c h r i f t | Psychologische Begründungen <br><br> (zB Motivation, Tätigkeitswechsel, Anschaulichkeit, Festigung) <br><br> Medien <br> Materialien |
| 10 | Stufe 2 (zB Problembegenung) <br><br> L:       Sch: | |
| 20 | Stufe 3 (zB Problemlösung) <br><br> L:       Sch: <br> V:    V e r s u c h | Sozialformen <br><br> (zB Stillarbeit, Gruppenarbeit, Gespräch) |
| 5 | W:  W i e d e r h o l u n g <br><br> HA:  H a u s a u f g a b e | Organisatorische Hinweise |

## Die Schriftliche Form der Unterrichtsvorbereitung

Ist schon für die gedankliche Unterrichtsvorbereitung ein großer persönlicher Spielraum anzusetzen, so gilt dies besonders für die schriftliche Form: Länge und Abfassung müssen dem individuellen Arbeitsstil vorbehalten bleiben. Diese grundsätzliche Freiheit dürfte legitimerweise während der Lehrerausbildung z. T. eingeschränkt werden: Es kann zweckmäßig sein, zunächst einmal nach einem vorgegebenen Schema Unterricht versuchsweise zu planen, um dann erst allmählich zu einem eigenen Stil zu gelangen. Außerdem kann aus administrativen Gründen (Prüfung, Beurteilung) ein Mindestumfang mit einer Behandlung bestimmter Aspekte gefordert werden. Man wird hier aber sicher W. KLAFKI (in Hendricks 1972) recht geben müssen und Vorschläge zur schriftlichen Unterrichtsvorbereitung als *Problematisierungsschema*, nicht als Lösungsschema für Stoff- und Methodenfragen ansehen. Jede kleinliche Festlegung auf ein bestimmtes Schema würde administrativer Mißbrauch solcher Vorbereitungsschemata sein und dem beabsichtigten Zweck zuwiderlaufen.

Fast durchwegs wird für die Verlaufsskizze eine Aufteilung in Spalten empfohlen, etwa für die Zeitplanung, die Schilderung des Verlaufs und einen didaktisch-methodischen Kommentar.

Für die Bezeichnung der Stufen – die nicht nach einem Artikulationsschema erfolgen muß – dienen Bezeichnungen wie:

*Einstieg,* Hinführung, Einstimmung, Anknüpfung, Vorbereitung . .

*Zielangabe,* Problemstellung, Aufgabenstellung, Arbeitsplanung . .

*Entfaltung des Problems,* Erschließung des Neuen, Erarbeitung, Ausführung, Erstbegegnung, Eindruck, Information, Lösungsversuche . .

*Lösung,* Ergebnis, Zusammenfassung . .

*Besinnung,* gedankliche Durchdringung, Reflexion . .

*Wiederholung,* Übung, Ergebnissicherung, Festigung . .

*Aufarbeitung,* Systematisierung, Ausdruck, Anwendung, Übertragung . .

*Erfolgskontrolle,* Prüfung, Überprüfung .

*Abschluß,* Ausklang . .

Lehrer- und Schüleraktivitäten werden in der Regel nur beschrieben; doch an besonderen Nahtstellen des Unterrichts (Einleitungsworte, Zielangabe, Merksätze etc.) dürfte auch die wörtliche Rede angebracht sein.

Diese schriftliche Form eignet sich auch zur Unterrichtsbeschreibung (etwa bei Hospitationen, Unterrichtsbesuchen o. ä.), da sie den tatsächlichen Verlauf von der Interpretation trennt.

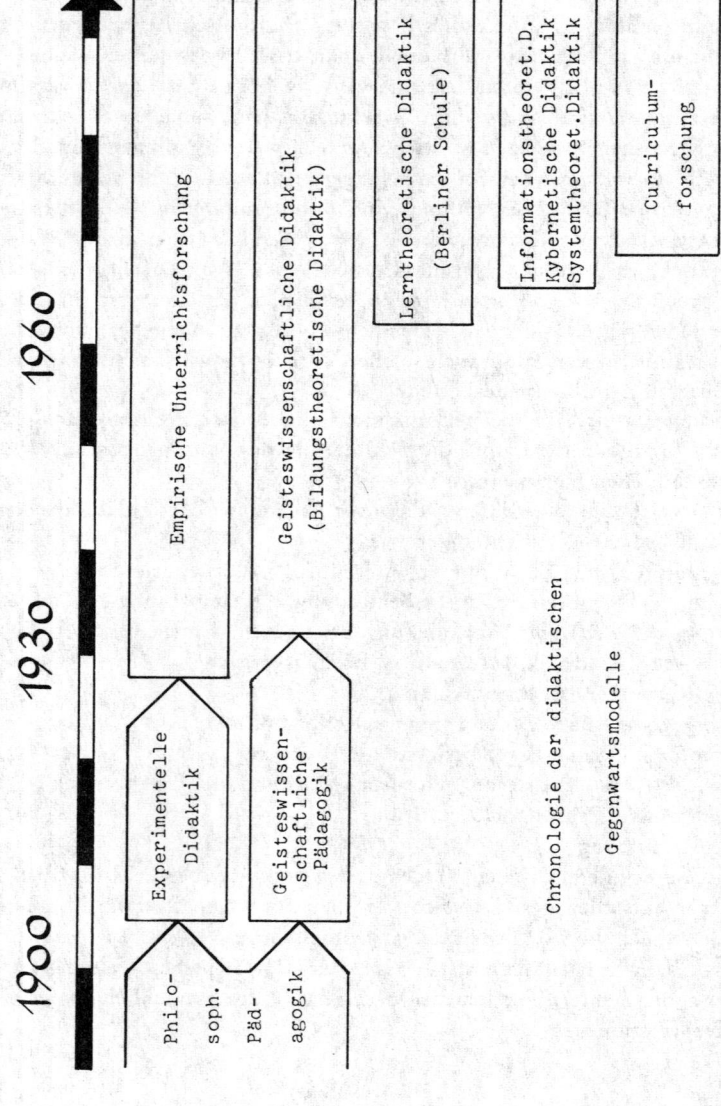

Chronologie der didaktischen Gegenwartsmodelle

94

Didaktik als Wissenschaft im modernen Sinne gibt es, seit sich die Pädagogik von der Philosophie loslöste und als eigene (Erfahrungs-) Wissenschaft etablierte. Diese Entwicklung vollzog sich erst in unserem Jahrhundert und ist besonders mit dem Namen Wilhelm DILTHEY (1833–1911) verbunden. Der Grundgedanke der Dilthey-Schule ist, für die Bereiche der menschlichen Kultur (Sprache, Geschichte, Psychologie, Pädagogik) ähnlich objektive Methoden anzuwenden, wie sie in den Naturwissenschaften üblich sind. Für diese Disziplinen wurde der Name Geisteswissenschaften geprägt, was zumindest damals keinen abwertenden Sinn hatte (etwa nicht so exakt wie die Naturwissenschaften), sondern in der Betonung Geistes*wissenschaften* durchaus anspruchsvoll und wertbewußt gemeint war.

Das erste, heute noch diskutierte didaktische Modell nennt sich konsequenterweise in Anlehnung an diese Entwicklung der Pädagogik *»Geisteswissenschaftliche Didaktik«* (auch Bildungstheoretische Didaktik) und richtet sich gegen die bisherigen normativen Konzepte (Weniger 1930, Klafki 1958).

Die immer deutlicher zu tage tretenden Schwächen dieses Konzeptes versuchten die Vertreter der sogenannten *Berliner Schule* (Heimann 1962, Schulz 1964) durch einen lerntheoretischen Ausgangspunkt zu beseitigen, was in der Folge zu verschiedenen Synthesen führte, wie sie besonders in der Literatur zu Unterrichtsvorbereitung zu finden sind.

Unter dem Eindruck neuer Forschungsdisziplinen – *Kybernetik, Informationstheorie, Systemtheorie* – wurden Übertragungsversuche auf die Gebiete der Pädagogik und Didaktik unternommen, die aber für die Unterrichtspraxis noch keine Bedeutung gewannen.

Ob man die *Curriculumforschung* als eigene Wissenschaft auffassen oder sie als didaktisches Modell bezeichnen soll, ist schwer entscheidbar; die zusammenfassenden Darstellungen verfahren hier unterschiedlich.

Parallel zu dieser Entwicklung entstand die moderne *Unterrichtsforschung*, die auf Vorarbeiten der Experimentellen Didaktik aufbaut (Lay 1903, Meumann 1911).

Über die genannten Modelle informieren BLANKERTZ (1969), RUPRECHT (1972), HUISKEN (1972) und REICH (1977). Bis zur Gegenwart werden neue Modelle entworfen, z. B. SCHÄFER/SCHALLER (1971), MASKUS (1975) und HIMMERICH (1976).

Normative Didaktik/Beispiel:Pietismus

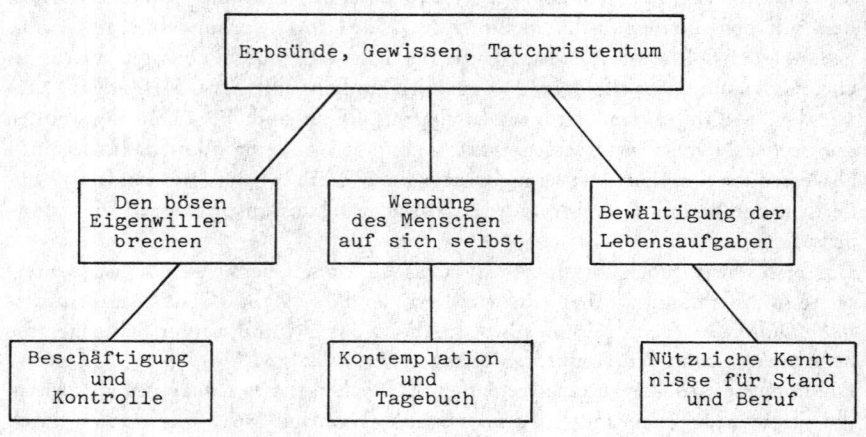

Normative Didaktik/Kritik

*Von gleichen Normvoraussetzungen*   *Verschiedene Normvoraussetzungen*
*werden verschiedene Konzepte*      *führen zu gleichen Forderungen*
*abgeleitet, zB:*                   *zB:*

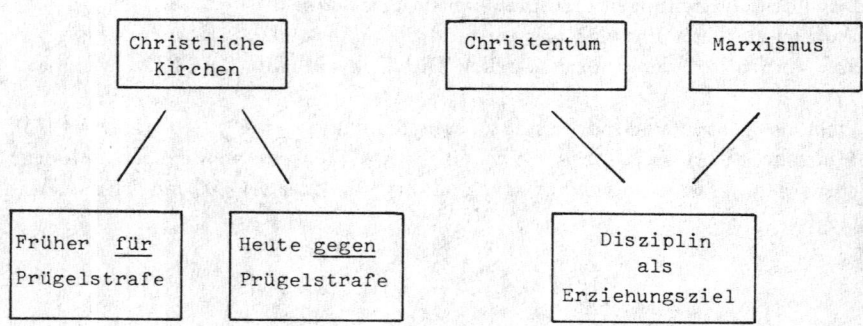

Da sich das gegenwärtige Verständnis von Didaktik von normativen Konzepten ausdrücklich absetzt, muß hier auf diese Problematik eingegangen werden. Als Beispiel dient die didaktische Theorie des Pietismus und seines Begründers August Hermann FRANCKE (1663–1727).

Als oberste Prämissen fungieren drei christliche Dogmen (Erbsünde, Gewissen und Tatchristentum), die in religiösen Verhaltensaussagen konkretisiert werden und endlich zu pädagogisch-didaktischen Regeln führen. Dieses Verfahren, aus obersten Grundsätzen (Normen, Axiomen, Prinzipien) konkrete Forderungen abzuleiten, nennt man normativ.

Es läßt sich nun zeigen, daß diese Ableitung nur scheinbar zwingend ist. In Wirklichkeit könnte man auch zu anderen Folgerungen gelangen und die hier gezogenen Konsequenzen beruhen auf zusätzlichen Wertentscheidungen. Ideologiekritisch betrachtet praktizieren normative Konzepte einen Ableitungszusammenhang, um tatsächliche Entscheidungsgründe zu verschleiern. In unserem historischen Beispiel ist offensichtlich, daß die didaktischen Forderungen »Beschäftigung und Kontrolle« Disziplinierungsmaßnahmen der Schulmeistertradition sind (Zu diesen Unterrichtsgrundsätzen gelangte auch der Philanthropismus von anderen Normvoraussetzungen aus), »Kontemplation und Führen eines christlichen Tagebuches mit Beschreibung des Bekehrungserlebnisses« aus der persönlichen religiösen Erfahrung des Begründers stammen und verallgemeinert wurden und schließlich die »nützlichen Kenntnisse für Stand und Beruf« ein Zugeständnis an die Erfordernisse der aufkommenden großen Industrien bedeutet.

Die generelle Kritik an normativen Konzepten hat BLANKERTZ (1969, S. 25) in dem Satz zusammengefaßt: »Von gleichen Normvoraussetzungen werden verschiedene Konzepte abgeleitet, verschiedene Normenvoraussetzungen führen zu den gleichen Forderungen«. Dies läßt sich vielfach belegen an historischen pädagogischen Theorien im Hinblick auf konkrete Probleme wie Prügelstrafe, Koedukation oder Disziplin.

Beispiele für normative Aussagen

a) Aus der Ethik

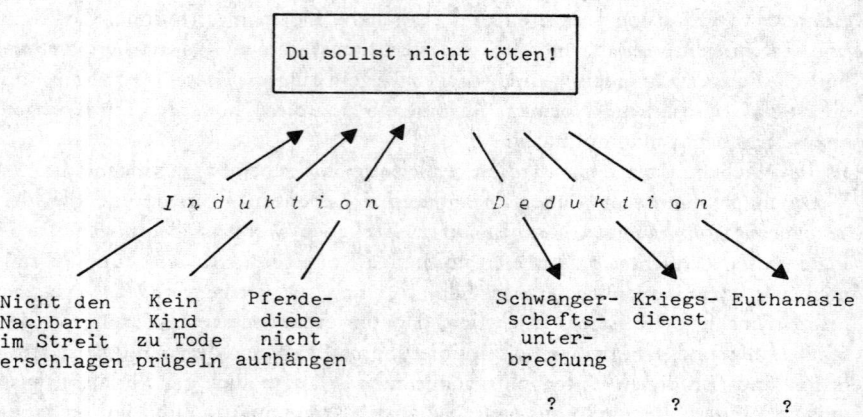

b) Aus der Didaktik

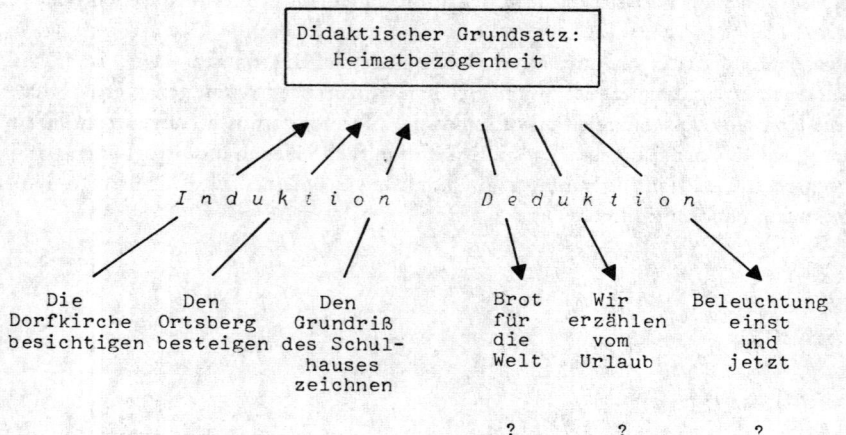

Dem normativen Prinzip liegt das logische Doppelverfahren von *Induktion* (nach LUKASIEWICZ in: Bochensky 1954 wohl besser »Reduktion«) und *Deduktion* zugrunde: Konkrete Erfahrungen werden zu Prinzipien verallgemeinert und diese wieder auf neue konkrete Fälle angewandt. Da in dem Allgemeinen immer nur das schon untersuchte Besondere stecken kann, dient die Induktion mehr oder weniger praktischen Zwecken (klassifikatorische Induktion) und die Anwendung auf ein neues, unbekanntes Besonderes ist lediglich hypothetisch möglich. Daß alle Schwäne weiß sind, galt so lange, bis in Australien ein schwarzer Schwan gefunden wurde!

Wenn also etwa im sozialen Bereich das allgemeine Prinzip aufgestellt wird »Du sollst nicht töten«, dann müssen neu auftretende Fälle wie Schwangerschaftsunterbrechung, Kriegsdienst oder Euthanasie gesondert daraufhin untersucht werden, ob sie unter dieses Allgemeine subsumiert werden können oder ob man zusätzliche Kriterien berücksichtigen soll.

In der Praxis werden Entscheidungen im Konkreten so getroffen, daß man die Anwendbarkeit verschiedener Prinzipien prüft und dann zwischen mehreren möglichen Prinzipien abwägt. Auf dem Gebiet des Unterrichts findet man oft zwei einander widerstreitende Grundsätze, zwischen denen ein Ausgleich herbeigeführt werden muß, z. B. Anschaulichkeit gegen Schulung der Abstraktionsfähigkeit, Wertneutralität gegen Wertbekenntnis und Wertbezogenheit, Führen gegen Wachsenlassen, Autorität gegen Freiheit, Anpassung gegen Selbstverwirklichung, Wissenschaftlichkeit gegen Entwicklungsgemäßheit etc.

Die Zugrundelegung nur eines einzigen Prinzips führt meist zu unangemessenen Entscheidungen im Konkreten. Z. B. würden Unterrichtsthemen wie »Brot für die Welt«, »Wir erzählen vom Urlaub« und »Beleuchtung einst und jetzt« in der Grundschule nicht behandelt werden können, wenn man nur nach dem Grundsatz der Heimatbezogenheit (als räumlich-erlebnismäßige Nähe) verfahren würde.

Normen, zu denen auch die Unterrichtsprinzipien zählen, können als Sollensaussagen nicht empirisch verifiziert, sondern nur in einer Gesellschaft verteidigt werden (Taylor 1961). Der einzige, auch für Schüler einsichtige Weg zur Konsensbildung ist nach KLARE/KROPE (1977) der rationale Dialog, das »Verfahren einer undogmatischen Rechtfertigung von Verhaltensnormen« (so der Untertitel des Buches).

→ Normative Didaktik/Beispiele, → Exemplarisches Prinzip, → Lernziele/Lernzielebenen, → Lehrplantheorie.

Die fünf Grundfragen Klafkis

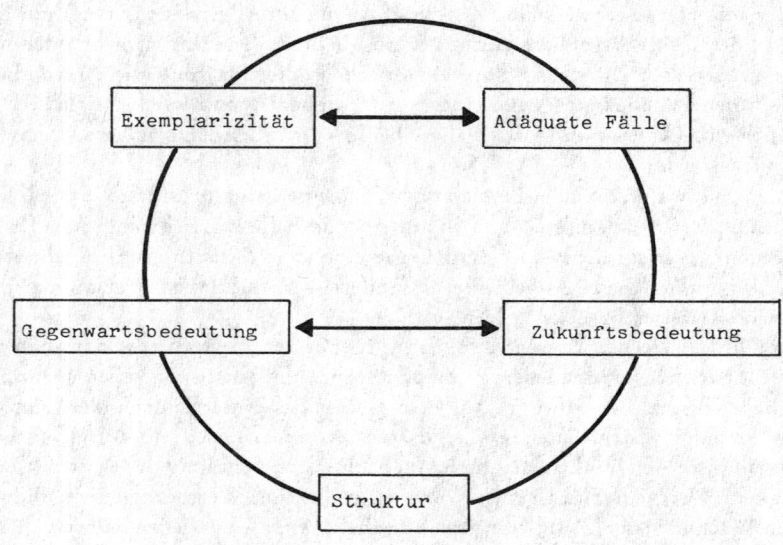

---

1. Exemplarizität
   Welches Allgemeine läßt sich an diesem Besonderen
   erschließen?

2. Gegenwartsbedeutung
   Welche Bedeutung hat dieser Inhalt bereits im Leben
   der Schüler, bzw. sollte er haben?

3. Zukunftsbedeutung
   Worin liegt die Bedeutung für die Zukunft der Schüler?

4. Struktur
   Welches ist die Struktur des Inhaltes?
   (Momente, Beziehungen, Schichtung, übergreifender
   Zusammenhang, Zugänglichkeit)

5. Adäquate Fälle
   Welche konkreten Fälle machen die Struktur des
   Inhalts interessant, begreiflich, anschaulich?

Eine »empirische Wende« in der Didaktik wurde durch die Bildungstheoretische oder Geisteswissenschaftliche Didaktik, besonders durch die Arbeiten Erich Wenigers (1930) eingeleitet. In seiner Lehrplantheorie geht dieser von der Erziehungswirklichkeit, speziell von einer Analyse der gegebenen Lehrpläne aus (→ Lehrplantheorie), also nicht mehr von irgendwelchen Normen (Beckmann in: Ruprecht 1972). Durch seinen Schüler Wolfgang Klafki wurde dieses Konzept weiter geführt und ausgebaut. Schlüsselbegriff ist die Bildung. Klafki macht deutlich, daß sowohl inhaltsbezogene (materiale), als auch subjektbezogene (formale) Bildungstheorien einseitige Betrachtungsweisen darstellen. Vielmehr gilt: »Bildung ist kategoriale Bildung in dem Doppelsinn, daß sich dem Menschen eine Wirklichkeit ›kategorial‹ erschlossen hat und daß eben damit er selbst für diese Wirklichkeit erschlossen worden ist« (Klafki 1963, S. 44).

Durch die Bildungstheorie Klafkis wurde das Augenmerk wieder verstärkt auf die Inhaltsfragen des Unterrichts gelenkt. Versteht sich der Lehrer zumeist als Methodiker, der vorgegebene Lehrplaninhalte in einer individuellen Klassensituation optimal vermittelt, so wird er nun auch zur Verantwortung für die stofflich-inhaltliche Seite des Unterrichts gerufen.

In seiner *Didaktischen Analyse* stellt Wolfgang Klafki 5 Grundfragen, nach denen entschieden werden kann, ob ein Stoff Bildungsgehalt habe. Diese Fragen haben sich bis heute als hilfreich für die Unterrichtsvorbereitung erwiesen, auch wenn man im nachhinein mit Klafki einen gewissen Schematismus und einen administrativen Mißbrauch bedauern muß (in: Hendricks 1972, S. 139).

Problematisch bleibt, wer letztlich bestimmt, was Bildung sei. Nicht nur, daß der Bildungsbegriff weltanschaulich belastet ist und schichtenspezifische Differenzierungen außer acht läßt; vor allem ist die bei Klafki vorausgesetzte gesellschaftliche Konsensbildung bei Lehrplanentscheidungen doch wohl Utopie, da in Wirklichkeit doch herrschende Schichten oder mächtige Interessengruppen (Wirtschaft, Kirche) ihre Belange durchsetzen.

Kritik hat auch der von Klafki behauptete »Primat der Didaktik i. e. S. vor der Methodik« (= der Stoff- vor den Methodenfragen) hervorgerufen, da man sicher eine Verschränkung zwischen dem Was und dem Wie im Unterricht annehmen muß. → Lerntheoretische Didaktik/Strukturmodell, → Stoff-Methodenverschränkung.

In den letzten Jahren hat Klafki sein Konzept der Entwicklung in der Didaktik angepaßt und in neueren Veröffentlichungen eine »kritisch-konstruktive« Position bezogen.

Die Idee des
Enzyklopädismus:

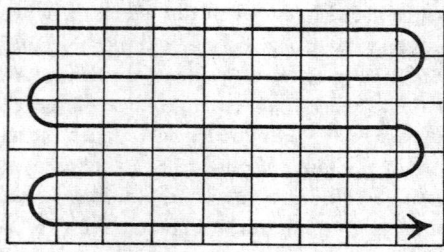

Die Idee des
Exemplarischen
Lehrens und Lernens:

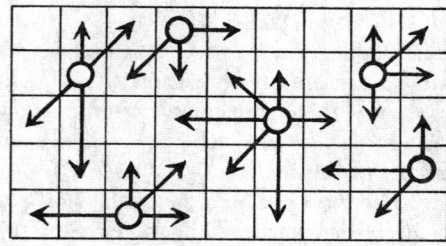

Grundformen des Exemplarischen (nach Klafki)

| Naturwissenschaften | | Das Exemplarische i.e.S. |
|---|---|---|
| Geographie | | Das Typische |
| Geschichte | | Das Repräsentative (Wiedervergegenwärtigende) |
| Sprache | Sprachlehre | Die variable Struktur |
| | Literatur | Das Klassische |
| | | Die einfache ästhetische Form |
| Bildende Kunst, Musik | | |
| Religion | | Das Symbolische |
| Techn. Werken, Leibeserziehung | | Die einfache Zweckform |

Die »Wissenexplosion« der vergangenen Jahrzehnte hat auch zu einer Überbürdung der Lehrpläne geführt. Der zunächst propagierte »Mut zur Lücke« ließ aber die Frage aufkommen, welche Wissenslücken vertretbar sind. Die Geisteswissenschaftliche Didaktik nannte als Kriterium das Prinzip des *Exemplarischen Lehrens und Lernens.*

Es ist weder möglich noch nötig, in lexikalischer Vollständigkeit alle »Fächer« (im Doppelsinne des Wortes) des angehäuften Wissens durchzunehmen, sondern es müssen solche Inhalte ausgewählt werden, die übertragbar sind. Mit Hilfe der so gewonnenen Einsichten können dann andere Inhalte rascher oder auch selbständig oder auch erst bei Bedarf bewältigt werden.

Wie Josef DERBOLAV (1957) zeigte, hat dieses Prinzip schon eine lange Tradition, die bis in die Antike zurückreicht. In unserer Zeit hat zuerst wieder Martin WAGENSCHEIN für den Bereich der Physik auf die Dringlichkeit exemplarischen Vorgehens hingewiesen. Die endgültige Ausgestaltung erfuhr es durch Wolfgang KLAFKI. Er spricht mit einer Wendung Otto WILLMANNS von »treibenden Potenzen«, von »erschließender Funktion« und von »Samenkräften« exemplarischer Stoffe und konkretisiert diesen Gedanken in seiner »Theorie der Kategorialen Bildung« hinsichtlich der einzelnen Unterrichtsfächer.

Vorteile des Exemplarischen Prinzips:

1. Bei gleich ausführlicher Behandlung braucht ein einzelnes Beispiel nur den Bruchteil der für alle Fälle benötigten Zeit.
2. Die eingesparte Zeit kommt entweder anderen Stoffen zugute oder gestattet eine eingehende, vertiefte Behandlung des Beispielfalles unter vermehrtem Einsatz methodischer Hilfsmittel.
3. Die verstärkte Arbeit an *einem* Objekt kann unter Anwendung wissenschaftlicher Methoden geschehen und trägt daher zur sogenannten »formalen« Bildung bei (Forschungsstrategien, Denken, Arbeitshaltungen).
4. Die Eigentätigkeit beim Nachvollzug wissenschaftlicher Methoden bildet eine starke Motivation. Interesse aber, Aufmerksamkeit und Problembewußtsein erhöhen den Lernerfolg.
5. Durch das Moment der Aktivität wird auch die Einübung verschiedener Sozialformen des Unterrichts nahegelegt und ermöglicht.
6. Die geringere Zahl von Informationseinheiten und deren bessere Verknüpfung mit dem Gesamtproblem fördern die Denk- und Gedächtnisleistungen.

So zeigt es sich, daß das Exemplarische Prinzip nicht nur das Stoffproblem zu lösen beiträgt, sondern auch positive methodische Auswirkungen hat.

Wissenschaftliche Induktion:

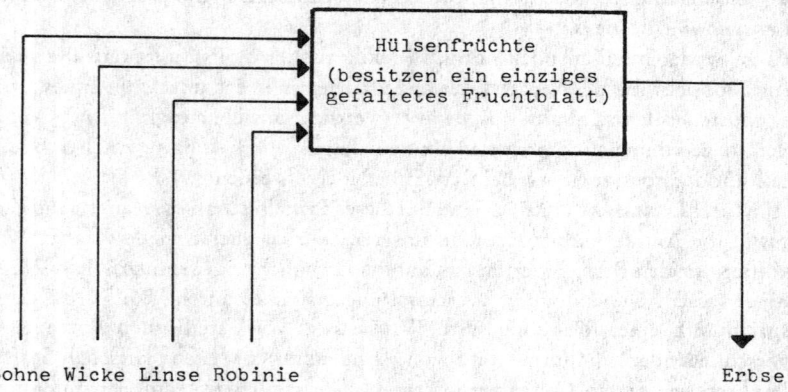

Didaktische Induktion:

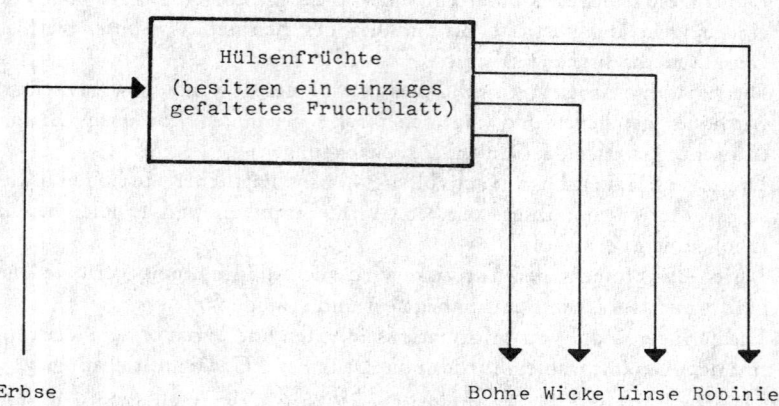

Logisch gesehen handelt es sich beim Exemplarischen Prinzip um eine Induktion mit anschließender Deduktion (Übertragung): Aus einzelnen konkreten Exempla (z. B. Bohne, Wicke, Linse, Robinie) wird auf Grund eines gemeinsamen Merkmales (»besitzen ein einziges gefaltetes Fruchtblatt«) der Allgemeinbegriff »Hülsenfrüchte« gebildet und auf einen neuen, unbekannten Fall angewandt. Allerdings unterscheidet sich das exemplarische Vorgehen von der Wissenschaftlichen Induktion dadurch, daß im Unterricht nur *ein* Exemplum genauer betrachtet wird und dann die an ihm gewonnene Einsicht für viele neue Fälle gelten soll (nur dadurch kommt ja die Zeitersparnis zustande!).

Wie Günter BUCK zeigte, hat deshalb nur die *Wissenschaftliche Induktion* »beweisende Funktion«, während die *Didaktische Induktion* lediglich »verdeutlichende Funktion« besitzt; sie will und kann nicht beweisen (dafür ist ihre statistische Signifikanz zu gering), sondern sie will als Beispiel für das intendierte Allgemeine dienen.

In dieser verdeutlichenden Funktion aber besitzt das Exemplarische Prinzip universellen Charakter, und keine Sachdarstellung – auch nicht die anspruchsvolle wissenschaftliche Form – kann darauf verzichten. Wilhelm KAMLAH und Paul LORENZEN haben ausführlich dargelegt, daß jede Terminologie auf exemplarische Einführung der benötigten Prädikatoren angewiesen ist und auch bei jedem Dialog Beispiele gegeben und angefordert werden müssen. So bietet die Exemplarische Lehre keine Hilfestellung zur Ausbildung der noch unreifen Intelligenz des Kindes, sondern eine Einführung und Einübung in eine grundlegende Denkmethode, die in allen Fächern anwendbar ist.

Bei der Zielplanung des Unterrichts stellt man in einer zweifachen Fragerichtung den exemplarischen Zusammenhang zwischen Allgemeinem und Besonderem her, wie es schon in der 1. und 5. Grundfrage der Didaktischen Analyse KLAFKIS zum Ausdruck kam. Geht man von einem besonderen Fall aus (historisches Ereignis, Lebenserscheinung, Landschaft, Literarische Gattung) so ist zu fragen: Welches Allgemeine (Prinzip, Gesetz, Begriff) läßt sich daran aufzeigen? Will man umgekehrt ein bestimmtes Allgemeines (»Diktatur«, »Winterschlaf«, »Erosion«, »Fabel«) behandeln und sichtbar machen, muß man nach prägnanten Fällen Ausschau halten, die es verdeutlichen.

Stufen des Allgemeinen

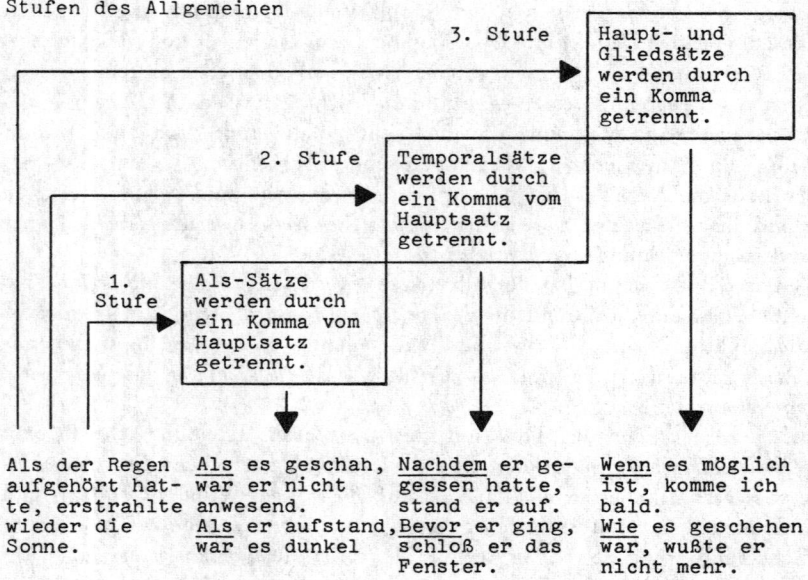

Als der Regen aufgehört hatte, erstrahlte wieder die Sonne.

Als es geschah, war er nicht anwesend.
Als er aufstand, war es dunkel

Nachdem er gegessen hatte, stand er auf.
Bevor er ging, schloß er das Fenster.

Wenn es möglich ist, komme ich bald.
Wie es geschehen war, wußte er nicht mehr.

Variationsbreite des Allgemeinen (beide nach Glogauer)

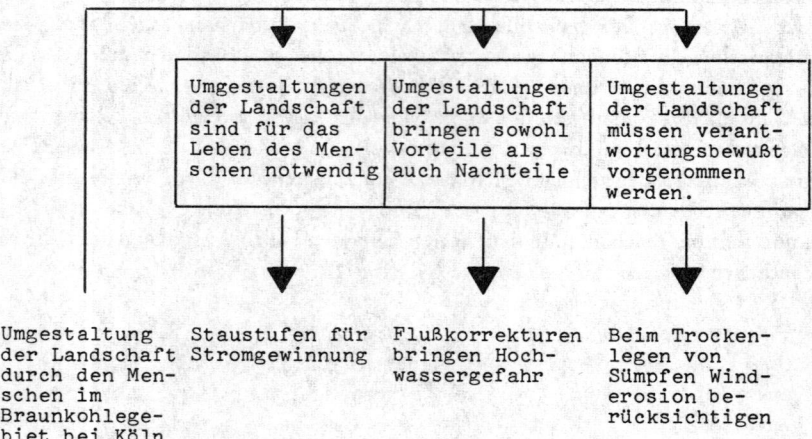

Umgestaltung der Landschaft durch den Menschen im Braunkohlegebiet bei Köln

Staustufen für Stromgewinnung

Flußkorrekturen bringen Hochwassergefahr

Beim Trockenlegen von Sümpfen Winderosion berücksichtigen

## Stufen und Variationsbreite des Allgemeinen

KLAFKI hatte das exemplarische Lehren und Lernen als ein fächerübergreifendes Prinzip ausgewiesen und die fachdidaktische Forschung zu entsprechenden Konkretionen angeregt. Eine eingehende Systematik entwickelte Werner GLOGAUER. Er wies unter anderem darauf hin, daß es keine festgelegte Induktionsrichtung, sondern sowohl Stufen, als auch eine Variationsbreite des Allgemeinen gibt, die durch die jeweilige didaktische Absicht bestimmt werden.

Probleme bei der Anwendung des Exemplarischen Prinzips:

1. Das zu suchende und zu übertragende Allgemeine wohnt dem Gegenstand nicht irgendwie inne (ist nicht gegenstandsimmanent), sondern wird vom erkennenden Individuum als Erkenntnismittel an den Gegenstand herangetragen. Der Mensch selbst bestimmt aus letztlich pragmatischen Gründen, welche Gegenstandsmerkmale er zur Gewinnung eines allgemeinen, übertragbaren Prinzips abstrahiert. Durch die Sprache und gesellschaftliche Normen wird er dabei in eine nicht immer problemangemessene Richtung gelenkt.

2. Das exemplarische Vorgehen besitzt keine beweisführende Kraft; die Übertragung ist entsprechend hypothetisch und erfordert daher letztlich wiederum einen Autoritätsglauben, der beim Schüler auf anderem Wege wieder problematisiert werden muß.

3. Das intendierte Allgemeine kann vom Schüler an einem einzelnen Fall nicht selbständig gefunden werden, da an einem einzigen Fall Allgemeines und Besonderes nicht zu unterscheiden sind. Zudem: Was Forschergenerationen in langwierigen Untersuchungen entdeckt haben, ist kaum jedermann quasi mühelos zugänglich. So muß also das zu findende Allgemeine schon von Anfang an sichtbar sein oder durch ein Lehrverfahren gegeben werden.

4. Auch das Übertragen kann nicht als Naturtalent beim Menschen vorausgesetzt werden, sondern muß als Methode gelernt und geschult werden. Die Suche nach Anwendungsfällen wird also vom Lehrer mehr oder weniger gelenkt werden müssen.

5. Das im Prinzip unsystematische Vorgehen des Exemplarischen Lehrens erfordert zur Abdeckung nicht-erfaßter Bereiche ein didaktisch-methodisches Gegengewicht in Form des sogenannten monographischen, kursorischen, informierend-orientierenden Lernens. Nicht alles kann exemplarisch gelernt werden (Die Behandlung des Ohres als Sinnesorgan kann nicht die Behandlung des Auges ersetzen)!

6. Endlich kann auch die Auswahl geeigneter »adäquater Fälle« nicht stellvertretend vom Lehrer getroffen werden. Was ein gutes Beispiel war, entscheidet letzten Endes der Lernende selbst – wenn es nämlich *für ihn* »verdeutlichende Funktion« hatte (»Didaktisch-methodische Schülermitbestimmung«!).

Der

„kategorial-

analytische"

Ansatz

Heimanns

| Unterricht in „laiensprach-licher Formulierung" | „kategoriale Grundbestim-mungen" |
|---|---|
| „ . . . im Schulunterricht geht es offenbar immer darum, | „ . . . aller Unterricht ist offenbar so gebaut, daß . . . Elementar-Strukturen gegeben sind: |
| irgendwelche **Gegenstände** (Lernanlässe) | solche inhaltlicher, |
| **in bestimmter Absicht** (zu Lernzwecken) | intenionaler |
| und in bestimmten **Situationen** | situativ-sozial-kultureller, |
| in den Erkenntnis-, Er-lebnis- und Tätigkeitshorizont von **Kindern** oder **Jugendlichen** zu bringen, | anthropologisch-psychologischer, |
| wobei man sich bestimmter **Verfahrensweisen** | methodischer |
| und **Medien** | und medien-bedingter |
| bedient." | Art." |

Das

Strukturmodell

der Didaktik

nach Schulz

(in: Die
Deutsche Schule
61/1969 S. 63)

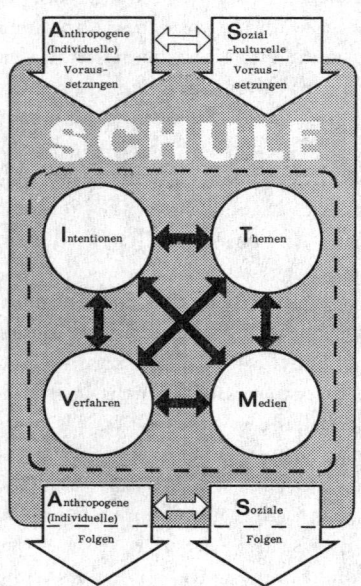

## Das Strukturmodell der Lerntheoretischen Didaktik

Die Lerntheoretische Didaktik oder die Didaktik der Berliner Schule (Paul Heimann und Wolfgang Schulz) wurde zunächst in Frontstellung gegen die Methodenvernachlässigung der Bildungstheoretischen Theorie konzipiert und will dementsprechend *alle* im Unterricht wirkenden Faktoren erfassen. In dieser Richtung werden schon die »kategorialen Grundbestimmungen« des Unterrichts bei Paul HEIMANN (1962, S. 415) getroffen. Wolfgang SCHULZ baute dann diesen Ansatz in seinem »Strukturmodell« weiter aus.

Danach können im Unterricht 6 Strukturmomente isoliert werden: die beiden zunächst vorgegebenen *»Bedingungsfelder«*, nämlich anthropogene und soziokulturelle Voraussetzungen, und die 4 eigentlichen *»Entscheidungsfelder«*, Intention (Ziel), Thema (Stoff), Verfahren (Methode) und Medien. Diese 4 Entscheidungsfelder werden als auf einander bezogen und sich gegenseitig bedingend angesehen (»Interdependenz«). → Stoff-Methoden-Verschränkung

Unter »Verfahren« sind folgende fünf methodischen Entscheidungen zu verstehen:

1. Methodenkonzeption (Gesamtentwurf des Unterrichtsverlaufes: ganzheitlich-analytisch, elementhaft-synthetisch, Projektverfahren und fachgruppenspezifische Verfahren)
2. Artikulation (Phasenfolge des Unterrichtsprozesses)
3. Sozialform (Frontalunterricht, Kreissituation, Teilgruppenunterricht und Einzelunterricht)
4. Aktionsform des Lehrens (direkt und indirekt)
5. Urteilsform (wertende Äußerungen des Lehrers, wie Zustimmung und Ablehnung, Lob und Tadel).

Die Didaktik hat nach diesem Konzept zwei zentrale Aufgaben zu erfüllen: die didaktische Analyse und die didaktische Konstruktion. In der didaktischen Analyse sollen alle unterrichtsrelevanten Faktoren erfaßt und gegeneinander abgewogen werden; die 4 »Felder« markieren Bereiche, in denen der Lehrer Entscheidungen zu treffen hat. Die anthropogenen und soziokulturellen Voraussetzungen sind bei der Unterrichtssteuerung zu berücksichtigen.

Im Bereich der didaktischen Konstruktion (Planung) wird derselbe Begriffsapparat verwendet, jedoch durch 3 Prinzipien ergänzt:

1. Prinzip der *Interdependenz* (alle den Unterricht konstituierenden Momente bedingen sich gegenseitig)
2. Prinzip der *Variabilität* (Möglichkeit der Mitsteuerung des Unterrichts durch die Lernenden)
3. Prinzip der *Kontrollierbarkeit* (Überprüfung des Unterrichtserfolges)

Ordnungsbegriffe der Lerntheoretischen Didaktik (nach Heimann)

| Dimensionen / Qualitätsstufe | kognitiv | pragmatisch | emotional |
|---|---|---|---|
| Anbahnung | *Kenntnis* | *Fähigkeit* | *Anmutung* |
| Entfaltung | *Erkenntnis* | *Fertigkeit* | *Erlebnis* |
| Gestaltung | *Überzeugung* | *Gewohnheit* | *Gesinnung* |

Erfassung der Voraussetzungen des Unterrichts (nach Peterßen)

Anthropologisch-psychologische Voraussetzungen

| auf seiten der Schüler | | auf seiten des Lehrers | |
|---|---|---|---|
| Lernfähigkeit | Lernbereitschaft | Lehrfähigkeit | Lehrbereitschaft |

| Lernstand | Lernstil | Lerntempo | | Lehrstand | Lehrstil |
|---|---|---|---|---|---|
| — Wissen<br>— Können<br>— Haltung | — durch physisch-psychische Konstitution bedingt<br>— durch Unterricht erworben | | | — Wissen<br>— Können<br>— Haltung | — durch physisch-psychische Konstitution bedingt<br>— durch Ausbildung erworben |

*Vereinfachende systematische Darstellung von anthropologisch-psychologischen Voraussetzungen des Unterrichts*

| Voraussetzungen | Personeller Rahmen | | Organisatorischer Rahmen | |
|---|---|---|---|---|
| | Schüler | Lehrer | Schule | Klasse |
| sozio-ökonomische | | | | |
| sozio-ökologische | | | | |
| sozio-kulturelle i. e. S. | | | | |
| ideologisch-normbildende | | | | |

*Raster zur Erfassung sozio-kultureller Voraussetzungen des Unterrichts*

Eine genauere Aufgliederung nehmen HEIMANN und SCHULZ auch für den Faktor »Intentionalität« vor. Unabhängig von den amerikanischen → Lernzieltaxonomien, aber in Übereinstimmung mit diesen, wurden nach »intrapsychischen« Gesichtspunkten drei Dimensionen angenommen (die Horst RUPRECHT gerne noch um eine vierte »interpsychische oder soziologische« ergänzt wissen möchte). Bekannte, aus der didaktischen Tradition stammende Begriffe wie Kenntnisse, Fähigkeiten, Fertigkeiten etc. werden zu folgenden Gruppen zusammengefaßt:

1. Kognitive Dimension (intellektueller Bereich)
2. Pragmatische Dimension (psychomotorischer Bereich)
3. Emotionale Dimension (affektiver Bereich)

Innerhalb dieser Dimensionen werden noch drei Qualitätsstufen unterschieden – Anbahnung, Entfaltung und Gestaltung –, die eine hierarchische Ordnung erkennen lassen: die vorhergehende Stufe ist Voraussetzung für die nachfolgende. Auch dieses strategische Schema finden wir in den → Lernzieltaxonomien wieder, dort freilich noch feiner differenziert.

Schwierigkeiten bereitete in der Unterrichtspraxis immer wieder die Erfassung der Bedingungsfelder. Hierzu hat Wilhelm H. PETERSSEN einen ersten Ordnungsversuch vorgelegt. In seiner Darstellung der anthropologischen Voraussetzungen ist allerdings nicht ganz ersichtlich, warum nicht auch auf Seiten des Lehrers das Lehrtempo eine Rolle spielen soll. An soziokulturellen Voraussetzungen werden genannt:

1. sozio-ökonomische Voraussetzungen (finanziell-wirtschaftliche Fragen)
2. sozio-ökologische Voraussetzungen (geografisch-räumliche Fragen)
3. sozio-kulturelle Voraussetzungen i. e. S. (Verhaltens-, Sprach- und Kommunikationsnormen)
4. ideologische Voraussetzungen (Interessenkonstellationen gesellschaftlicher Gruppen)

Zu betonen ist, daß diese beiden Bedingungsfelder nur vorläufig als unveränderbare Voraussetzungen angesehen werden, auf die man zunächst aufbauen muß. Im Verlaufe des Unterrichtsprozesses aber findet doch eine Beeinflussung statt, die eine Rückwirkung auch auf diese Voraussetzungen hat. Dadurch entstehen anthropologische und soziokulturelle Folgen, die bei der nächstfolgenden Unterrichtsplanung wieder als Voraussetzungen fungieren.

Modifikationen der Lerntheoretischen Didaktik

a) durch Schulz

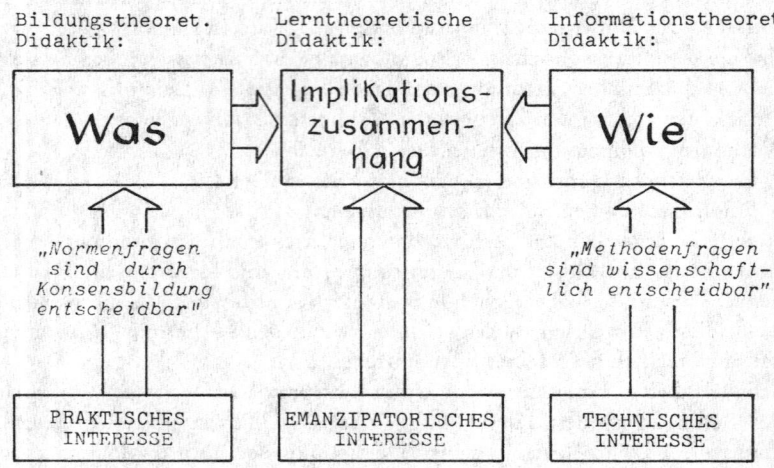

Bildungstheoret.
Didaktik:

Lerntheoretische
Didaktik:

Informationstheoret.
Didaktik:

Was → Implikations-zusammen-hang ← Wie

„Normenfragen
sind durch
Konsensbildung
entscheidbar"

„Methodenfragen
sind wissenschaft-
lich entscheidbar"

PRAKTISCHES
INTERESSE

EMANZIPATORISCHES
INTERESSE

TECHNISCHES
INTERESSE

b) durch Peterßen

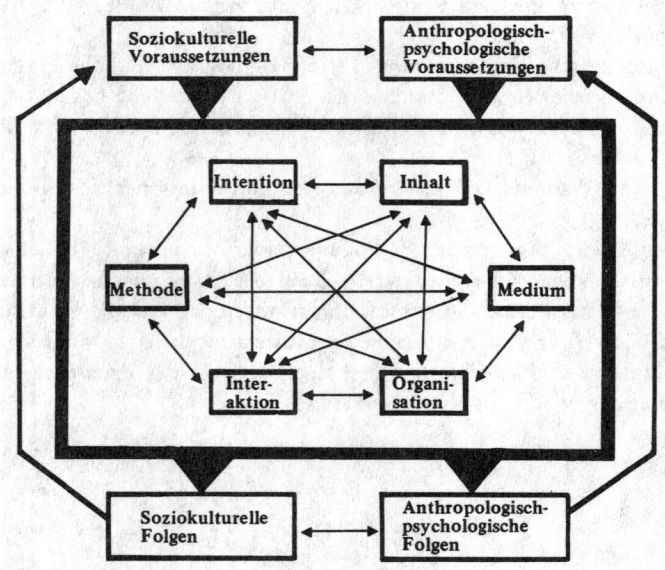

# Modifikationen der Lerntheoretischen Didaktik

Unter dem Druck der Kritik (Blankertz 1969, Breyvogel 1972), aber auch durch Aufnahme philosophischer Gedankengänge der sog. Frankfurter Schule (Habermas) hat Wolfgang SCHULZ das lerntheoretische Konzept bis in die Grundgedankengänge hinein verändert. Nunmehr versteht sich die lerntheoretische Didaktik als Mittlerin zwischen zwei Extremen: Die Bildungstheoretische Didaktik ist am »Was« des Unterrichts interessiert, hat also nach HABERMAS ein *praktisches Interesse*. Die Informationstheoretische Didaktik untersucht das »Wie« mit einem entsprechend *technischen Interesse*. Die Lerntheoretische Didaktik aber stellt den notwendigen Implikationszusammenhang her und verfolgt zusätzlich noch ein *emanzipatorisches Interesse* (Schulz 1972a und 1972b).

Von diesem letzten Aspekt her betrachtet kann ein erster kritischer Einwand formuliert werden:

1. Durch die Aufnahme des Emanzipationsbegriffes wird ein Bruch mit der wissenschaftlichen Basis hergestellt; denn das ursprünglich wertfreie formale Schema der Strukturmomente wird zu gunsten eines Wertbegriffes aufgelöst.

2. Kritik wurde auch an den Voraussetzungskategorien geübt: Die isolierte Betrachtung führte in der Praxis zu Allgemeinplätzen. (→ Didaktische Analyse) Hier erwies sich die stete Rückkopplung etwa bei Klafki als fruchtbarer. Außerdem gehen selbstverständlich auch in die angeblich neutrale Bedingungsprüfung normative Elemente mit ein.

3. Weiter ist die Aufschlüsselung der Strukturmomente im Entscheidungsbereich doch wohl etwas willkürlich und führt zu dem Definitionsproblem, daß dann Didaktik das wissenschaftliche Nachdenken über nur diese Faktoren sei. Eine Ergänzung durch die Entscheidungsfelder »Interaktion« und »Organisation« wurde denn auch von PETERSSEN (1973) vorgeschlagen.

4. Endlich wird zwar gezeigt, in welchen Bereichen vom Lehrer Entscheidungen gefällt werden müssen; es fehlen aber entsprechende Entscheidungshilfen, wie sie etwa in den Unterrichtsgrundsätzen vorliegen. BLANKERTZ (1969, S. 274) gibt zu diesem Mangel den abschließenden Kommentar: »Die Entscheidung ist zwar nicht mehr vorwissenschaftlich-naiv, aber nachwissenschaftlich-privatistisch!«

5. Die Entscheidungsfelder »Intention«, »Thema« und »Verfahren« beinhalten sehr komplexe, abstrakte Begriffe, die sich sehr schwer durch reale Phänomene interpretieren lassen und sich deshalb schlecht für ein Strukturmodell eignen (→ Unterricht/Raumstruktur).

Morphologische Matrix der strukturtheoretischen Aspekte (nach Völz)

| BESCHREIBUNG DURCH / VON | INFORMATIONSTHEORIE | SYSTEMTHEORIE | KYBERNETIK |
|---|---|---|---|
| INFORMATION | | Input und Output des Systems | Das, was im Regelkreis umläuft |
| SYSTEM | Quelle und Senke der Information | | Hat das System regeltechnische Eigenschaften ? |
| REGELUNG | Rückkopplung (Kreislauf) der Information | System mit Rückkopplung | |

Der Begriff Struktur – schon bei KLAFKI (1958) mehr oder weniger umgangssprachlich verwendet – wird heute verschiedenen Ansätzen zugeordnet: den Forschungen Jerome S. BRUNERS (1974), der Lerntypentheorie Robert M. GAGNÉS (1969), der Lehrfunktionentheorie von Gerhard SCHRÖTER (1972) und dem lerntheoretischen Konzept von Wilhelm H. PETERSSEN (1973). In dieser Verwaschenheit ist er als normierter Terminus nahezu unbrauchbar geworden und wird hier entsprechend übergreifend zur Kennzeichnung von Versuchen verwandt, die Erkenntnisse der Kybernetik, Informations- und Systemtheorie für die Pädagogik und Didaktik nutzbar zu machen.

Die drei genannten *strukturtheoretischen Disziplinen* lassen sich nach H. VÖLZ in einen auch terminologisch eindeutigen Ableitungszusammenhang bringen. Danach beschreibt die *Informationstheorie* den einfachen Fluß von Information durch ein Medium, die *Systemtheorie* die Beziehungen zwischen Elementen in einem System und die Kybernetik Regelungsvorgänge. Alle drei Teildisziplinen lassen sich durch ihre jeweilige Terminologie gegenseitig definieren.

Es ist also sehr ungenau, wenn Informationstheorie etwa mit Kybernetik synonym gebraucht wird oder wenn jene als »begriffliches Werkzeug« der Kybernetik bezeichnet wird (wie bei Blankertz 1969, S. 245). Schon ein Blick auf die Terminologien müßte die unterschiedlichen Forschungsansätze deutlich machen.

Eine konsequente Anwendung des strukturtheoretischen Denkansatzes führt nach Völz zur *Spieltheorie*. Hier treten zwei Systeme in eine Wechselbeziehung zueinander. Es findet Informationsaustausch und gegenseitige Beeinflussung statt. Als Störungen werden nunmehr die vom Gegenspieler kommenden Impulse interpretiert. Auch die Unterrichtswissenschaft könnte durch eine noch zu entwerfende Spieltheoretische Didaktik sicherlich zu manchen neuen Einsichten gelangen.

Die Strukturtheoretischen Konzepte entstammen dem technischen Bereich und haben sich dort bei der Konstruktion von Automaten voll bewährt. Bei der Anwendung auf menschliche Interaktionsprozesse findet sicher eine Verkürzung statt, was mancherlei Kritik hervorgerufen hat (→ Unterricht im Regelkreis).

Informationsebenen und -aspekte (vereinfacht nach Völz)

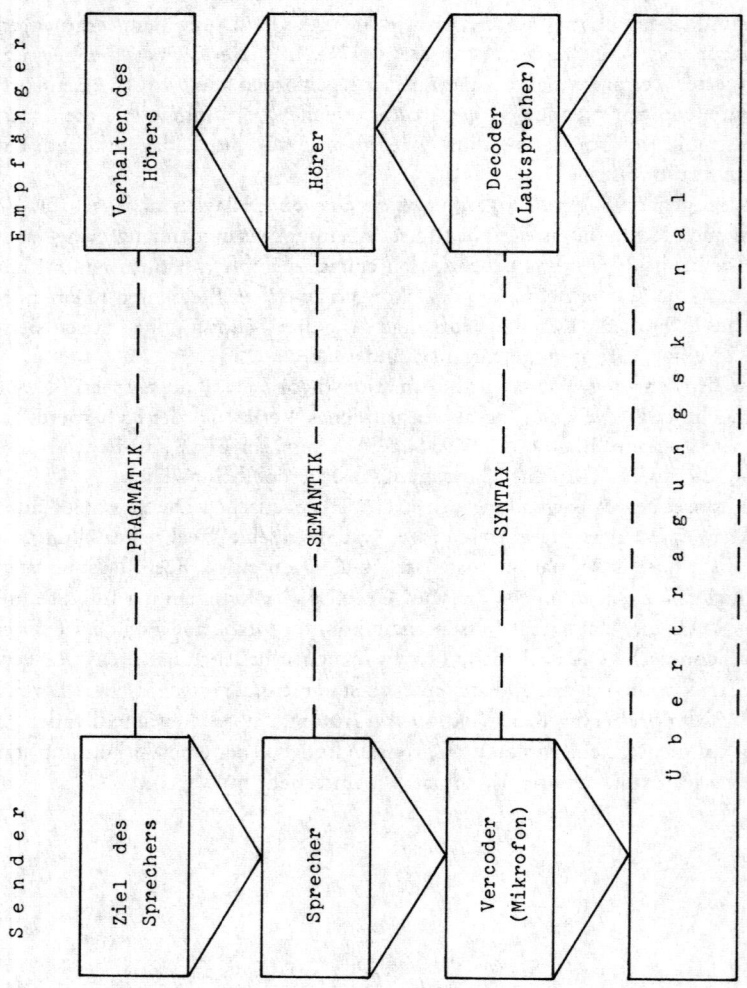

# Informationstheoretische Didaktik / Grundbegriffe

Die *Informationstheorie* als Teilgebiet der mathematischen Wahrscheinlichkeitstheorie untersucht keineswegs nur sprachliche Informationen wie in den Absorbierungsversuchen der Pädagogen (Blankertz 1969, Ruprecht 1972) behauptet wird, sondern jede Form der Nachrichtenübermittlung. Gerade hierin liegt ihre interdisziplinäre Leistung, daß technische, physikalische, biologische und anthropologische Phänomene hinsichtlich gleicher Grundstrukturen faßbar werden. Immer gibt es eine Quelle und eine Senke der Information und ein Medium zur Übertragung, bei hormonalen Vorgängen ebenso wie bei präverbalem tierischen Verhalten (Signal als Auslöser).

Trotz dieser allgemeinen Gültigkeit bezieht sich die Informationstheorie vorzugsweise auf sprachliche Nachrichtenübertragung, wie in nebenstehendem Schema dargestellt ist: Danach können verschiedene Stationen unterschieden werden, die auf der Sender- und der Empfängerseite miteinander korrespondieren: Ziel mit intendiertem Verhalten, Sprecher mit Hörer und Vercoder (Mikrofon) mit Decoder (Lautsprecher). Als Nachrichtenkanal ist hier der elektrische Strom angenommen; in anderen Fällen wäre das Medium die Luft (akustische Übermittlung) oder Buchstaben (schriftliche Übermittlung).

Die drei Stufen der Information entsprechen den Dimensionen der Zeichen, wie sie die Zeichentheorie (Semiotik) und die Sprachanalyse herausgearbeitet haben:

1. *Syntaktische Dimension.* Die Beziehungen der Zeichen untereinander (erlaubte Kombinationen, Relationen und Regeln, z. B. Grammatik)
2. *Semantische Dimension:* Die Bedeutung der Zeichen
3. *Pragmatische Dimension:* Die in den Zeichen enthaltenen Handlungsanweisungen

Dieses Begriffsmaterial gehört heute schon zur allgemeinen Wissenschaftssprache und erlaubt auf allen Gebieten genauere Analysen und Identifikation von Fehlern (vgl. Weltner 1970).

6 Ja-Nein-Entscheidungen
sind dazu nötig, um ein
bestimmtes von 64 Schach-
feldern zu identifizieren

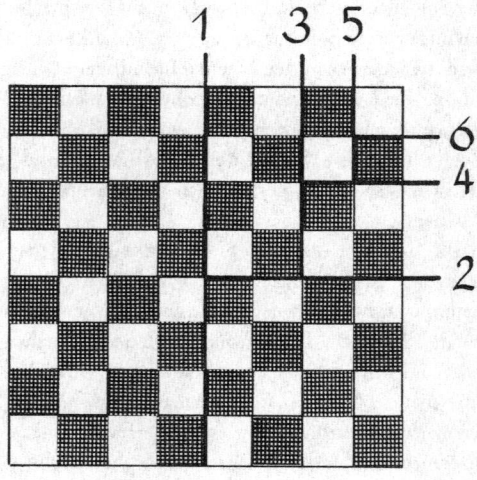

Nach 2 - 3 Entscheidungs-
schritten (2,58 bit) wird
eine Würfelseite bestimmt

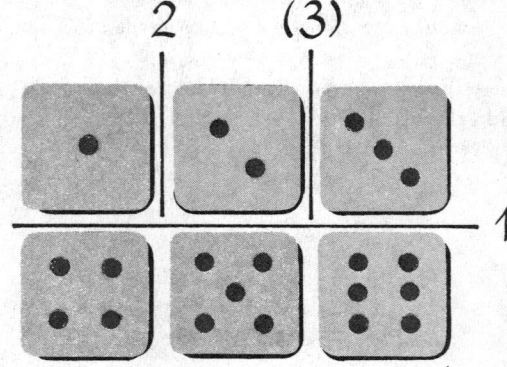

Wert und Menge der Informationen werden in der Informationstheorie auch mathematisch faßbar. Und zwar wird aus technischen Gründen – ein elektronisches System kennt nur die beiden Stellungen »1« und »0« = »Strom fließt« oder »Strom fließt nicht« – ein binäres Zahlensystem (binary digit = Bit) mit zwei Symbolen benutzt. Kleinste Einheit ist das »*bit*«, nämlich der Informationswert eines Ereignisses aus zwei gleichwahrscheinlichen Möglichkeiten. Je größer die Zahl der Möglichkeiten, desto größer die Ungewißheit und desto größer auch der Wert der Information, die Gewißheit verschafft. So braucht man z. B. 6 bit (Ja-Nein-Entscheidungen), um ein bestimmtes der 64 Schachtfelder zu identifizieren, und 2–3 Entscheidungsschritte – genauer 2,58 bit – zur Bestimmung einer Würfelseite. Nach dem gleichen Prinzip gehen auch geschickte Frager bei Ratespielen wie »Was bin ich« (Beruferaten) vor, wenn sie die Wahrscheinlichkeiten immer wieder wenigstens schätzungsweise zu halbieren versuchen.

Informationstheoretisch besteht nun das Ziel des Unterrichts im Abbau von Information: Ein Problem ist gelöst, wenn es für den Lernenden keine Information mehr enthält. Zur Bezeichnung dieses Zustandes des völlig Informiertseins kann auf eine Gesetzmäßigkeit im physikalischen Bereich zurückgegriffen werden. Nach dem zweiten Hauptsatz der Thermodynamik nimmt in einem geschlossenen thermodynamischen System die sog. Entropie stets zu, d. h. die zunächst ungleichmäßige Verteilung warmer und kalter Teilchen tendiert zu einer gleichmäßigen Durchmischung, bis ein statistisches Gleichgewicht hergestellt ist. Bei Informationsübertragung verläuft der Prozeß umgekehrt: Aus dem Zustand größter Mischung oder Unordnung soll eindeutige Gewißheit oder Ordnung werden. Dieser Vorgang kann dann negative Entropie oder *Neg-Entropie* genannt werden.

Endlich kann für die Didaktik noch ein weiterer Grundbegriff der Informationstheorie fruchtbar werden, die sog. *Redundanz* (= Überfülle, Weitschweifigkeit). Um Fehler auf den verschiedensten Stufen der Übertragung zu erkennen oder zu vermeiden, muß die Nachricht mehr als die rein rechnerisch ermittelte Informationsmenge enthalten.

Es ist heute noch nicht abzuschätzen, wie weit die Informationstheorie eine tatsächliche Hilfe für die Didaktik bedeutet. Gegenwärtig wird sie lediglich bei der Erstellung von Programmen für Lehrmaschinen eingesetzt.

Lernen in systemtheoretischer Sicht (nach König/Riedel)

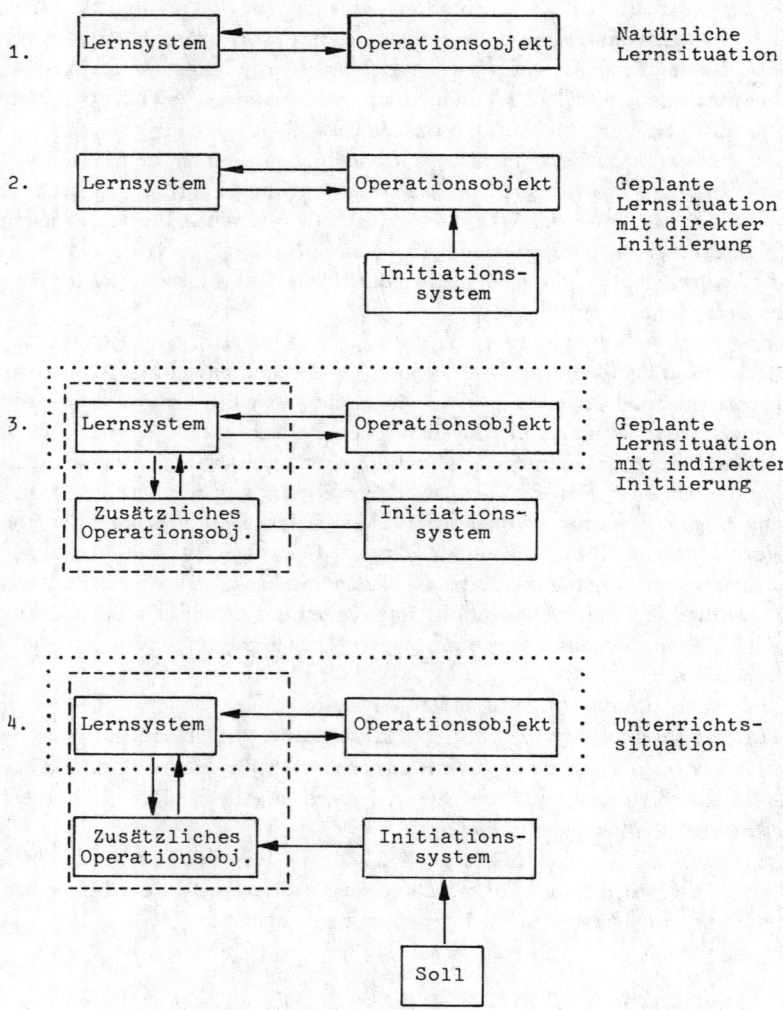

1. Lernsystem ⟷ Operationsobjekt     Natürliche Lernsituation

2. Lernsystem ⟷ Operationsobjekt     Geplante Lernsituation mit direkter Initiierung
    Initiations-system

3. Lernsystem ⟷ Operationsobjekt     Geplante Lernsituation mit indirekter Initiierung
    Zusätzliches Operationsobj. — Initiations-system

4. Lernsystem ⟷ Operationsobjekt     Unterrichts-situation
    Zusätzliches Operationsobj.   Initiations-system
    Soll

»Die *Systemtheoretische Didaktik* wendet die Verfahren der Systemtheorie, insbesondere das Denken in Systemen, an, um Probleme in wissenschaftlich-didaktischen, ideologisch-didaktischen und technisch-didaktischen Bereichen zu lösen« (König/Riedel 1973). Von einer Analyse der Funktion des Unterrichts ausgehend werden traditionelle – vor allem lerntheoretische – Kategorien in einem Funktionszusammenhang gesehen. Dadurch soll ein hohes Differenzierungsniveau und eine optimale Handlungs- und Entscheidungsfähigkeit der Lehrenden und Lernenden gewährleistet werden.

1. Schlüsselbegriff ist die sog. Operation. Im einfachsten Fall des *natürlichen Lernens* beschäftigt sich der Lernende (= Lernsystem) mit einem Objekt und wird durch dieses gleichzeitig zu weiterem Denken und Tun angeregt. Zwischen beiden bestehen also die Relationen »Operation« und »Initiation«.
2. In einer *geplanten Lernsituation* fungiert der Lehrer als Initationssystem, das geeignete Operationsobjekte auswählt, bereitstellt und durch Eingriffe attraktiv macht.
3. Ist der Lernende selbst nicht motiviert, muß eine zusätzliche Lernsituation »vorgeschaltet« werden, die nun nicht das Operationsobjekt, sondern den Zustand des Lernenden verändern soll; solch ein Hilfsoperationsobjekt kann z. B. eine verbale Ermunterung sein.
4. Zur Konstruktion des Begriffes »*Unterricht*« ist nun noch ein Element »Soll« nötig, das den Lehrer selbst in Bezug auf seine Maßnahmen bestimmt.

Als Komplizierung kommt aber noch hinzu, daß wir es im institutionalisierten Schulunterricht nicht mit einem einzelnen Lernsystem, sondern mit einer Schulklasse zu tun haben, so daß wir noch ein Element »Interaktion« berücksichtigen müssen.

Unter Berücksichtigung dieser Teilfunktionen der Unterrichtselemente kann nun eine optimale Planung im Sinne eines Konstruierens unternommen werden. Und zwar sollen die einfachsten Situationen als Bausteine mit Hilfe systemkonformer Regeln (Lehralgorithmen) so aneinandergefügt werden, daß ein erfolgversprechender Unterricht entsteht.

Zur Kritik vgl. → Kybernetische Didaktik → Unterricht im Regelkreis!

Regelung eines Flüssigkeitsstandes

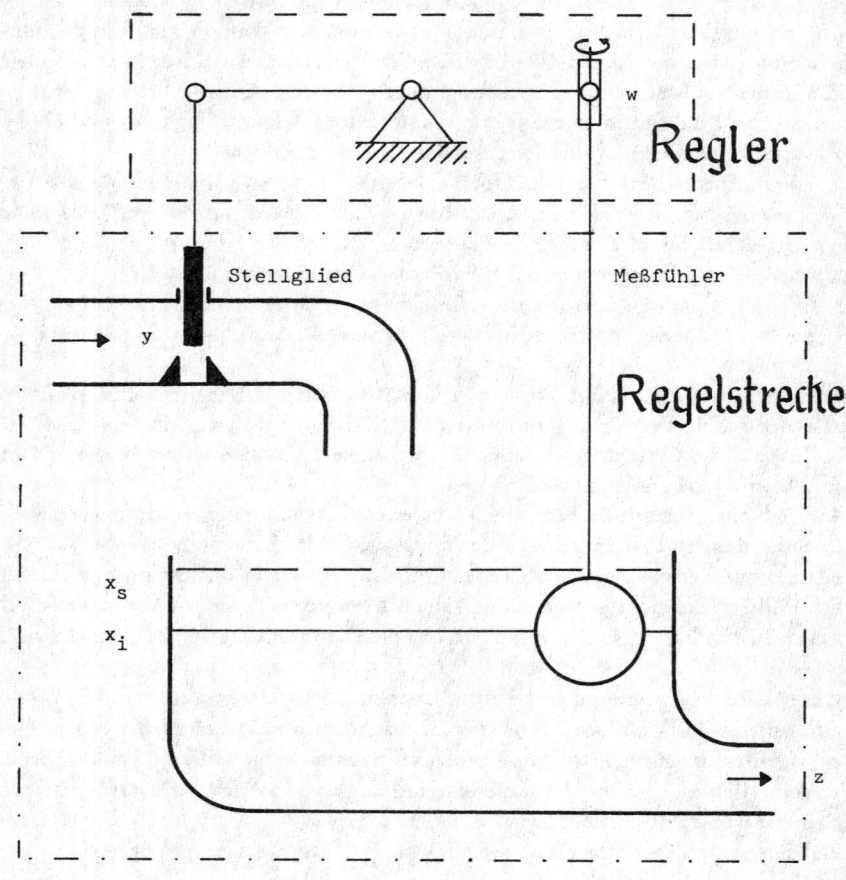

|   |   |   |   |
|---|---|---|---|
| x | = Regelgröße | w | = Führungsgröße |
| $x_i$ | = Ist-Wert | y | = Stellgröße |
| $x_s$ | = Soll-Wert | z | = Störgröße |

Der von Norbert Wiener geprägte Begriff »*Kybernetik*« greift auf das nautische Bild vom Lotsen (nicht Steuermann!) zurück, der in ständiger Überwachung des Schiffskurses dem Ruderknecht Steueranweisungen gibt. Er bestimmt nicht das Ziel (Aufgabe des Kapitäns) und ist auch nicht die ausführende Kraft (Maschine), sondern Kontrollinstanz, die die Fahrtrichtung mit dem Fahrziel vergleicht.

Entsprechend beschreibt die Kybernetik (Regelungstechnik) einen geschlossenen Wirkungskreis in einem offenen System. Solch ein System hat einen Eingang (Input) und einen Ausgang (Output) und einen inneren Mechanismus, der das System trotz dieser dauernden Störungen in einem festgelegten Gleichgewichtszustand hält.

Als Beispiel zur Gewinnung der wichtigsten Grundbegriffe dient die Regelung eines Flüssigkeitsstandes: Wird aus dem Wasserbehälter Wasser entnommen – was das System als Störung auffaßt –, so sinkt die Hohlkugel (Schwimmer) und öffnet über ein Hebelsystem das Ventil für den Wasserzufluß. Ist der Wasserbehälter wieder gefüllt, wird das Ventil auf dem selben Wege wieder geschlossen. Zu unterscheiden sind hier zunächst der Teil der Anlage, der geregelt werden soll (*Regelstrecke*) und der Teil, der regelt (*Regler*). An zwei Stellen sind Regler und Regelstrecke miteinander verbunden: Der Schwimmer dient als »*Meßfühler*«, der den jeweiligen Wasserstand feststellt und dem Regler meldet, das Ventil fungiert als »*Stellglied*«, das die Anweisungen des Reglers innerhalb der Regelstrecke ausführt. Im Regler wurde ein Soll-Wert eingestellt und mit ihm werden die Meldungen des Meßfühlers verglichen (Ist-Soll-Wert-Vergleich).

Regelungsvorgänge finden wir in lebenden Organismen, z. B. Aufrechterhaltung einer bestimmten Körpertemperatur, und zwischen den Organismen (Räuber und Beute, sog. Stoff- und Gas»kreisläufe«); hier bestimmte die Evolution die Führungsgrößen. In der Technik wird das Prinzip der Regelung vielfältig angewandt: der Fliehkraftregler an der Dampfmaschine von James Watt dürfte eine erste derartige Einrichtung sein; bekannt sind auch Thermostate in elektrischen Geräten und an Heizkörpern.

Blockschaltbild
eines Regelkreises

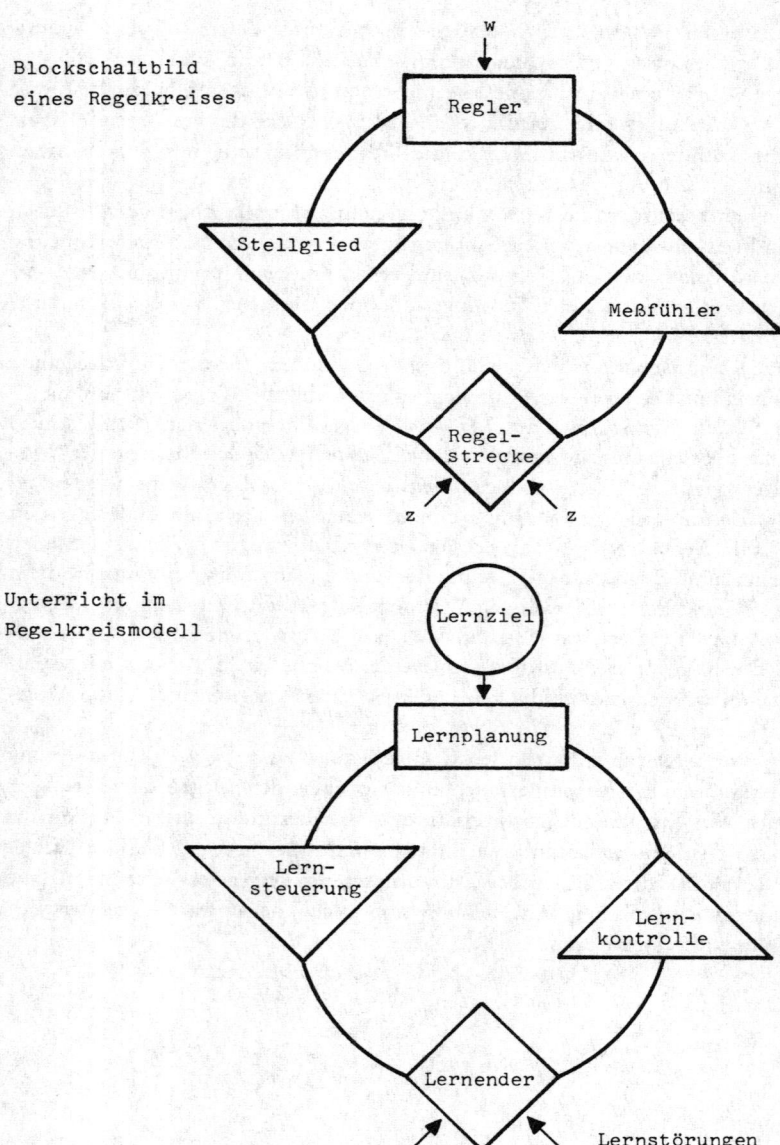

Unterricht im
Regelkreismodell

# Kybernetische Didaktik/Unterricht im Regelkreis

»Didaktik als Wissenschaft untersucht, wie die Lernprozesse eines Lernsystems zu initiieren und zu steuern sind, um vorgegebene Lernziele in optimaler Weise zu erreichen« (F. v. Cube). In diesem Selbstverständnis wird der Grundvorgang der Regelung, wie er aus dem Blockschaltbild ersichtlich ist, auf schulisches Lernen übertragen und ein »Unterricht im Regelkreis« dargestellt. Dabei wird ausdrücklich festgestellt, daß die Lernziele als Sollwert von außen her in das System eingehen. Folgende Kritikpunkte wurden in der Diskussion hervorgehoben (vgl. Nicklis 1967):

1. Durch die Reduktion auf Methodenfragen wird der Didaktik eine wesentliche Dimension genommen. Die von KLAFKI geforderte Rechtfertigung der im Lehrplan vorgegebenen Lernziele wird wieder zurückgenommen.

2. Eine »wertfreie Methodenlehre« dürfte eine Fiktion sein. Auch solche Maßnahmen wie Lernsteuerung und Lernkontrolle sind eminent wertgeladen und durch Aufdeckung der zugrundegelegten Prinzipien zu begründen.

3. Das Kybernetische Modell stellt wie auch die anderen strukturtheoretischen Ansätze ein formales Schema auf, das als solches höchstens Definitions- und Gliederungsfragen besser anzugehen erlaubt, sonst aber wenig nützt (Blankertz: »Inhaltsleerer Formalismus«). Die Konkretisierung im didaktischen Bereich wurde außer durch leere Beteuerungen kaum geleistet oder führte zu trivialen Feststellungen, wie die, daß man beim Unterricht Planung, Durchführung und Kontrolle unterscheiden könne. Zumindest müßten die Grundbegriffe näher erläutert und ausgeführt werden. Was z. B. sind »Störgrößen«? Liegen sie als Unlust, Unaufmerksamkeit, Unwissen oder Verständnisschwierigkeiten im Lernsystem »Schüler«, als Mängel in den Medien, oder kommen sie gar als Unterrichtsausfall oder Unterrichtsunterbrechung, als Wetterfaktoren oder Ablenkungen von außen? Ohne Beispiele kann das kybernetische Modell nicht interpretiert werden.

4. Schwerer wiegt, daß die kybernetische Konzeption in der vorliegenden Form eine veraltete, polare Vorstellung vom schulischen Lernen zugrunde legt und zementiert, in der es den belehrenden Lehrer und den belehrten Schüler gibt. Daß Schüler mitplanen, mitsteuern und sich selbst kontrollieren können, liegt außerhalb des kybernetischen Horizontes.

5. Im ganzen dürfte man BLANKERTZ darin zustimmen, daß bei technischen Modellen in behavioristischer Begrenztheit die Eigenart menschlicher Lernprozesse verkannt wird.

# Literaturverzeichnis

Aschersleben, Karl, Einführung in die Unterrichtsmethodik, Kohlhammer/Stuttgart 1974, 2/1976 (Urban TB 181)

Bachmair, Gerd, Unterrichtsanalyse, Beltz/Weinheim 1974

Becker, Georg E., u. a., Unterrichtssituationen II, Motivieren und Präsentieren, Urban & Schwarzenberg/München 1976

Bernfeld, Siegfried, Sisyphos oder die Grenzen der Erziehung, 1925, Neuauflage Suhrkamp/Frankfurt 1967

Blankertz, Herwig, Theorien und Modelle der Didaktik, Juventa/München 1969, 8/1974

Blankertz, Herwig, Artikel »Didaktik« in Speck/Wehle, Handbuch pädagogischer Grundbegriffe, Bd. 1, Kösel/München 1970

Blankertz, Herwig, Curriculumforschung – Strategien, Strukturierung, Konstruktion, Neue Deutsche Schule/Essen 1971, 4/1974

Blankertz, Herwig, Curriculumforschung – Strukturansätze für Geschichte, Deutsch, Biologie, Neue Deutsche Schule/Essen 1973

Bloom, Benjamin S. (Hrsg.), Taxonomie von Lernzielen im kognitiven Bereich, Beltz/Weinheim 1972, 4/1974 (engl. 1956)

Bochensky, I. M., Die zeitgenössischen Denkmethoden, Francke/Bern 1954, 6/1973 (Dalp TB 3041)

Breyvogel, Wilfried, Die Didaktik der Berliner Schule – kritisiert, in: betrifft: erziehung 6/1972

Bruner, Jerome S., Der Prozeß der Erziehung, Schwann/Düsseldorf 1970, 3/1973 (engl. 1967)

Bruner, Jerome S., Entwurf einer Unterrichtstheorie, Schwann/Düsseldorf 1974

Buck, Günther, Lernen und Erfahrung, Kohlhammer/Stuttgart 1967, 2/1969

Burnham, P. (Hrsg.), New Design for Learning, University Press/Toronto 1967 (abgedruckt bei Flechsig/Haller 1975)

Cube, Felix von, Kybernetische Grundlagen des Lernens und Lehrens, Kohlhammer/Stuttgart 2/1968

Cube, Felix von, Was ist Kybernetik, Schünemann/Bremen 3/1970

Dale, Edgar, Audiovisual Methods in Teaching, Dryden Press/New York 1950, 3/1969 (abgedruckt bei Flechsig/Haller 1975)

Dave, R. H., Eine Taxonomie pädagogischer Ziele und ihre Beziehung zur Leistungsmessung, in: Ingenkamp/Marsolek (Hrsg.), Möglichkeiten und Grenzen der Testanwendung in der Schule, Beltz/Weinheim 1968

De Corte, Erik u. a., Grundlagen didaktischen Handelns, Beltz/Weinheim 1975 (niederländisch 1972)

Derbolav, Josef, Das Exemplarische im Bildungsraum des Gymnasiums, Schwann/Düsseldorf 1957

Diener, K. u. a., Lernzieldiskussion und Unterrichtspraxis, Klett/Cotta/Stuttgart 1978

Dolch, Josef, Lehrplan des Abendlandes, Ratingen 1959, 2/1965

Dohmen/Maurer/Popp, Unterrichtsforschung und didaktische Theorie, München 1970

Döring, Klaus Wolf, Lehr- und Lernmittel, Beltz/Weinheim 1969

Edelmann, Gudrun, und Christine Möller, Grundkurs Lernplanung, Belz/Weinheim 1973, 3/1977

Flechsig, Karl-Heinz, und Hans-Dieter Haller, Einführung in didaktisches Handeln, Klett/Stuttgart 1975

Ford, G. W., und L. Pugno (Hrsg.), Wissensstruktur und Curriculum, Schwann/Düsseldorf 1972 (engl. 1964)

Frey, Karl, Theorien des Curriculum, Beltz/Weinheim 1971

Gage, N. L., und David C. Berliner, Pädagogische Psychologie, Urban & Schwarzenberg/ München 1977 (engl. 1975)

Gagné, Robert M., Die Bedingungen des menschlichen Lernens, Schroedel/Hannover 1969, 3/1973

Gattegno, Caleb, Die Unterordnung des Lehrens unter das Lernen, Schroedel/Hannover 1974, (engl. 1970)

Geppert, Klaus, und Eckhardt Preuß, Differenzierender Unterricht – konkret, Klinkhardt/Bad Heilbrunn 1978

Glogauer, Werner, Das Strukturmodell der Didaktik, Ehremwirth/München 1967

Guilford, J. P., A System of psychomotor abilities, in: J. Psychol. 71/1958 (abgedruckt bei Möller 1969)

Guyer, Walter, Wie wir lernen, Erlenbach-Zürich 1952, 5/1967

Hacker, Hartmut, Curriculumplanung und Lehrerrolle, Beltz/Weinheim 1975

Heckhausen, Heinz, Förderung der Lernmotivierung und der Intellektuellen Tüchtigkeit, in: Heinrich Roth (Hrsg.), Begabung und Lernen, Gutachten und Studien der Bildungskommission, Bd. 4, Klett/Stuttgart 5/1970

Heiland, Helmut, Motivieren und Interessieren, Klinkhardt/Bad Heilbrunn 1979

Heimann, Paul, Didaktik als Theorie und Lehre, in: Die Deutsche Schule 54/1962

Heimann, Paul, Gunter Otto, Wolfgang Schulz, Unterricht – Analyse und Planung, Schroedel/ Hannover 1965, 8/1976

Hendricks, Wilfried, Interview mit Wolfgang Klafki über Probleme und neue Aspekte der »Didaktischen Analyse«, in: Die Deutsche Schule 3/1972

Hentig, Hartmut von, Das Bielefelder Oberstufenkolleg, Klett/Stuttgart 1971

Himmerich, Wilhelm, u. a., Unterrichtsplanung und Unterrichtsanalyse – ein didaktisches Modell, 2 Bände, Klett/Stuttgart 1976

Huhse, Klaus, Theorie und Praxis der Curriculumentwicklung, Institut für Bildungsforschung in der Max-Planck-Gesellschaft/Berlin 1968

Huisken, Freerk, Zur Kritik bürgerlicher Didaktik und Bildungsökonomie, List/München 1972

Jannasch, Hans-Windekilde, und Gerhard Joppich, Unterrichtspraxis, Schroedel/Hannover 1947, 6/1966

Jeziorsky, Walter, Praxis und Theorie der Unterrichtsvorbereitung, Westermann/Braunschweig 1968, 2/1971

Kaiser, Annemarie und Franz-Josef (Hrsg.), Projektstudium und Projektarbeit in der Schule, Klinkhardt/Bad Heilbrunn 1977

Kamlah, Wilhelm, und Paul Lorenzen, Logische Propädeutik, Bibl. Institut/Mannheim 1967, 2/1973

Klafki, Wolfgang, Didaktische Analyse als Kern der Unterrichtsvorbereitung, in: Die Deutsche Schule 10/1958, und: Schroedel/Hannover 1962, 11/1974

Klafki, Wolfgang, Studien zur Bildungstheorie und Didaktik, Beltz/Weinheim 1963, 33–36 Tsd. 1974

Klare, Thomas, und Peter Krope, Verständigung über Alltagsnormen, Urban & Schwarzenberg/München 1977

König, Ernst, und Harald Riedel, Unterrichtsplanung als Konstruktion, Beltz/Weinheim 1970, 3/1973

König, Ernst, und Harald Riedel, Systemtheoretische Didaktik, Beltz/Weinheim 1973, 2/1974

Krathwohl, David R., u. a., Taxonomie von Lernzielen im affektiven Bereich, Beltz/Weinheim 1975 (engl. 1964)

Kuhn, Thomas S., Die Struktur wissenschaftlicher Revolutionen, Suhrkamp/Frankfurt 1973 (TB 25), gebunden 1967 (engl. 1962)

Lehmann, Jürgen (Hrsg.), Simulations- und Planspiele in der Schule, Klinkhardt/Bad Heilbrunn 1977

Mager, Robert F., Lernziele und Programmierter Unterricht, Beltz/Weinheim 1965, jetzt unter dem Titel »Lernziele und Unterricht«, Beltz/Weinheim 1974

Maskus, Rudi, Unterricht als Prozeß, Klinkhardt/Bad Heilbrunn 1976

Memmert, Wolfgang, Anschauung und Anschauungsmittel, in: Halbfas/Maurer/Popp, Lernwelten und Medien, Klett/Stuttgart 1976

Memmert, Wolfgang, Heißt Lehren popularisieren? in: Ipfling/Sacher, Lehrerbild und Lehrerbildung, Oldenbourg/München 1978

Menck, Peter, und Gösta Thoma, Unterrichtsmethode, Kösel/München 1972

Messner, Rudolf, und Peter Posch, Perspektiven für einen neuen Lehrplan, in: Messner/Rumpf, Didaktische Impulse, ÖBV/Wien 1971, 2/1973

Meyer, Hilbert, Trainingsprogramm zur Lernzielanalyse, Beltz/Weinheim 19, 9/1979

Meyer-Willner, Gerhard, Differenzieren und Individualisieren, Klinkhardt/Bad Heilbrunn 1979

Möller, Christine, Technik der Lernplanung, Beltz/Weinheim 1969, 4/1973

Nestle, Werner, Didaktik der Zeit und der Zeitmessung, Diss. Tübingen 1972

Nicklis, Werner S., Kybernetik und Erziehungswissenschaft, Klinkhardt/Bad Heilbrunn 1967

Ortner, Reinhold, Medienverbund – seine Bedeutung für den Sachunterricht, in: Die Scholle 8/1975

Parreren, Carel F. van, Lernen in der Schule, Beltz/Weinheim 1969, 5/1974 (niederl. 1951)

Peterßen, Wilhelm H., Didaktik als Strukturtheorie des Lehrens, Henn/Ratingen 1973

Peterßen, Wilhelm H., Zur Erfassung situativer Voraussetzungen für didaktische Entscheidungen, in: Die Deutsche Schule 65/1973

Postmann, Neil, und Charles Weingartner, Fragen und Lernen, März/Frankfurt 1972

Protzner, Wolfgang, Zur Medientheorie des Unterrichts, Klinkhardt/Bad Heilbrunn 1977

Reich, Kersten, Theorien der Allgemeinen Didaktik, Klett/Stuttgart 1977

Ritz-Fröhlich, Gertrud, Das Gespräch im Unterricht, Klinkhardt/Bad Heilbrunn 1977

Robinsohn, Saul B., Bildungsreform als Revision des Curriculum, Luchterhand/Neuwied 1967, 4/1972

Roth, Heinrich, Pädagogische Psychologie des Lehrens und Lernens, Schroedel/Hannover 1957, 14/1973

Ruprecht, Horst, u. a. (Hrsg.), Modelle grundlegender didaktischer Theorien, Schroedel/Hannover 1972, 2/1975

Schäfer, Karl Hermann, und Klaus Schaller, Kommunikative Didaktik, /Kritische Erziehungswissenschaft und Kommunikative Didaktik, Quelle & Meyer/Heidelberg 1971, 3/1976

Schröter, Gerhard, Didaktik als Struktur der Lehrfunktionen, Schwann/Düsseldorf 1972

Schulz, Wolfgang, Unterricht zwischen Funktionalisierung und Emanzipationshilfe, in: Ruprecht 1972a

Schulz, Wolfgang, Die Didaktik der Berliner Schule – revidiert, in: betrifft: erziehung 6/1972b

Schulz, Wolfgang, u. a., Beobachtung und Analyse von Unterricht, Beltz/Weinheim 1973

Schulz von Thun u. a., Trainingsprogramm für Pädagogen zur Förderung der Verständlichkeit bei der Wissensvermittlung, Landesverband der VHS/Kiel 1973 (Neudruck: Langer u. a., München 1974)

Slotta, Günter, Die Praxis des Gruppenunterrichts und ihre Grundlagen, Manz & Lange/Bremen 1954

Sommer, Hartmut, Grundkurs Lehrerfrage, Beltz/Weinheim 1981

Sönnichsen, Günther, Fachstruktur und Curriculumorganisation für einen Biologieunterricht, in: Hentig (Hrsg.), Wissenschaftsdidaktik, V & R/Göttingen 1970

Stachowiak, Herbert (Hrsg.), Modelle und Modelldenken im Unterricht, Klinkhardt/Bad Heilbrunn 1980

Stöcker, Karl, Neuzeitliche Unterrichtsgestaltung, Ehrenwirth/München 1954, 16/1975

Tausch, Reinhard und Anne-Marie, Erziehungspsychologie, Hogrefe/Göttingen 1964, 7/1973

Taylor, P. W., Normative Discourse, Englewood Cliffs 1961

Thiele, Hartmut, Lehren und Lernen im Gespräch, Klinkhardt/Bad Heilbrunn 1981

Vogel, Alfred, Artikulation des Unterrichts, OM/Ravensburg 1973

Vogel, Alfred, Unterrichtsformen I, OM/Ravensburg 1974

Völz, H., Einige Gedanken zum Begriff Information, in: Dt. Z. f. Phil. 16/1968

Wagenschein, Martin, Das exemplarische Lehren als ein Weg zur Erneuerung der Höheren Schule, Hamburg 1954

Wagner, Angelika C., u. a., Schülerzentrierter Unterricht, Urban & Schwarzenberg/München 1976

Weltner, K., Informationstheorie und Erziehungswissenschaft, Schnelle/Quickborn 1970

Weniger, Erich, Didaktik als Bildungslehre, Teil 1: Theorie der Bildungsinhalte und des Lehrplans, Beltz/Weinheim 1930, 8/1965

Westphalen, Klaus, Praxisnahe Curriculumentwicklung, Auer/Donauwörth 1973, 6/1978

Wiener, Norbert, Kybernetik. Regelung und Nachrichtenübertragung im Lebewesen und in der Maschine, Düsseldorf + Wien 2/1963 (engl. 1948)

Zinnecker, Jürgen (Hrsg.), Der heimliche Lehrplan, Beltz/Weinheim 1975

## Sachregister

## Namenregister